QUE SAIS-JE ?

L'astrologie

SUZEL FUZEAU-BRAESCH
Docteur ès Sciences de l'Université de Paris

Troisième édition corrigée

15e mille

ISBN 2 13 043958 6

Dépôt légal — 1re édition : 1989
3e édition corrigée : 1995, avril

INTRODUCTION

L'astrologie est avant tout une donnée de civilisation liée à la prise de conscience par l'Homme du temps qui s'écoule et des rythmes de la nature.

Son histoire s'étend sur une période de plus de 5 000 ans et son évolution se poursuit d'une façon discontinue à la fois sur les plans temporel et géographique.

L'observation du ciel, la connaissance de mouvements du Soleil ou de la Lune, des planètes et des étoiles, la succession des jours et des nuits, celle des saisons, ont très tôt marqué l'esprit de l'Homme. C'est pourquoi divers systèmes spatio-temporels de nature astrologique ont vu le jour au cours du développement de nombreuses civilisations,qu'elles soient égyptienne, hindoue, hellénistique, chinoise ou maya.

Issue des traditions égyptienne, mésopotamienne et grecque, seule l'astrologie occidentale est étudiée ici. Ce petit ouvrage voudrait, en la situant historiquement sur des bases descriptives, en rassembler les éléments objectifs dont nous disposons.

Cependant, il ne nous a pas paru possible de donner un aperçu sérieux de l'astrologie sans, au préalable, en connaître les lignes essentielles et la substance principale. C'est pourquoi nous nous sommes efforcé d'exposer dans un premier chapitre les composantes de la technique astrologique généralement admises aujourd'hui. Cette démarche nous a paru indispensable en raison de l'étendue de l'emploi du mot astrologie et de sa grande imprécision, presque paradoxale, dans l'esprit du public.

Ainsi pourrons-nous mieux comprendre l'origine et mieux suivre les développements et avatars de ses éléments depuis Babylone jusqu'à nos jours au cours de trois chapitres historiques.

Bien définie et située historiquement, il devient alors possible, dans un cinquième chapitre, de confronter l'astrologie et la science moderne : problème épineux et difficile s'il en est. Nous en ouvrirons le dossier avec ses faits les plus marquants, le plus objectivement possible, avant de tenter une conclusion provisoire que pourra poursuivre le lecteur.

NB — Dans le texte, les chiffres entre crochets se rapportent à la bibliographie finale. Celle-ci comprend les ouvrages directement utilisés.

Les chiffres supérieurs concernent les notes infrapaginales parmi lesquelles on trouvera toutes les références issues de publications périodiques. Elles sont numérotées de 1 à *n* dans chaque chapitre.

Chapitre Premier

COMPOSANTES GÉNÉRALES DE LA TECHNIQUE ASTROLOGIQUE OCCIDENTALE

La connaissance préliminaire de la technique astrologique occidentale telle qu'elle est généralement admise aujourd'hui est indispensable à la bonne compréhension de son histoire et de ses rapports avec les sciences qui vont constituer les chapitres suivants. Nous avons adopté ici le vocabulaire rassemblé dans le dictionnaire *Larousse de l'Astrologie* [1].

L'érection d'un thème de naissance d'un individu ou carte du ciel, ou horoscope, *nativity* ou *birth chart* en anglais, est la base de toute l'astrologie : ses méthodes vont être exposées, suivies d'un résumé des techniques et domaines d'interprétation [2, 3, 4, 5, 6, 7]

I. — Le zodiaque

Definition. — Le zodiaque est une zone de notre voûte céleste située de part et d'autre de l'écliptique, d'une largeur d'environ 18°, dans laquelle on peut voir évoluer le Soleil et les planètes à l'exception de Vénus et de Pluton. L'écliptique n'est autre que la trajectoire apparente du Soleil décrite dans l'année autour de la Terre, telle qu'elle apparaît à un habitant de notre globe : c'est donc une donnée du système géocentrique.

Le plan de l'écliptique est actuellement incliné de 23° environ par rapport à l'équateur céleste et coupe celui-ci en deux points que sont les équinoxes : équinoxe de printemps ou point « vernal » et équinoxe d'automne.

Au cours de sa révolution annuelle sur l'écliptique, le Soleil parcourt les 12 signes du zodiaque en avançant approximativement de 1° par jour (= 360° par an). En fait, il est bien connu que c'est le déplacement réel de la Terre autour du Soleil qui produit le mouvement apparent du Soleil à travers les 12 signes zodiacaux (tableau I et fig. 1).

Tableau I. — **Les douze signes zodiacaux, leurs longitudes et leurs dates approximatives.**

	Signe	*Longitude*	*Dates*
1	Bélier	0-30°	21 mars-20 avril
2	Taureau	30-60	21 avril-20 mai
3	Gémeaux	60-90	21 mai-21 juin
4	Cancer	90-120	22 juin-22 juillet
5	Lion	120-150	23 juillet-22 août
6	Vierge	150-180	23 août-22 septembre
7	Balance	180-210	23 septembre-22 octobre
8	Scorpion	210-240	23 octobre-21 novembre
9	Sagittaire	240-270	22 novembre-20 décembre
10	Capricorne	270-300	21 décembre-19 janvier
11	Verseau	300-330	20 janvier-18 février
12	Poissons	330-360	19 février-20 mars

Les 12 signes zodiacaux correspondent à 12 constellations d'étoiles fixes telles qu'elles ont été vues et définies dans l'Antiquité et dont elles conservent les noms : Bélier, Taureau, Gémeaux, Cancer, Lion, Vierge, Balance, Scorpion, Sagittaire, Capricorne, Verseau, Poissons[1], conventionnellement définis par leurs longitudes à partir du point vernal = 0° Bélier, jusqu'au 360e degré des Poissons.

En réalité le point vernal se déplace de façon continue par suite du mouvement lent de l'axe de

1. En latin : *aries, taurus, gemini, Cancer, lio, virgo, libra, scorpius, arceteneus, caper, amphora, pisces* — noms réservés parfois aux constellations d'étoiles réelles pour les distinguer des signes du zodiaque.

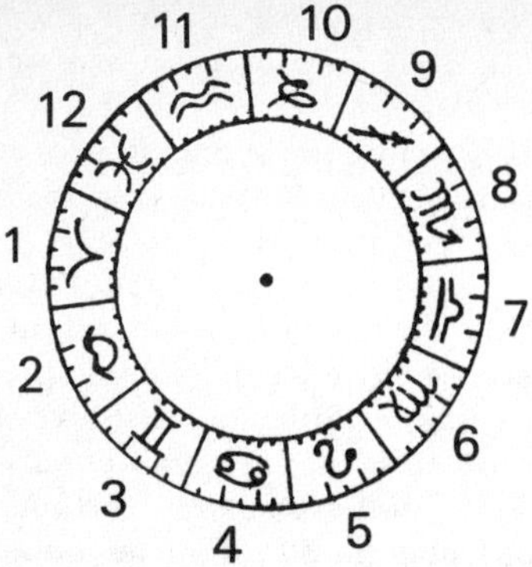

Fig. 1. — Représentation du zodiaque astrologique le plus couramment utilisée en France (graduée de 5 en 5 degrés) : circonférences projetées sur le plan de l'écliptique. Douze signes avec leurs symboles numérotés selon le tableau I.

rotation de la Terre conduisant au phénomène de « précession des équinoxes ». C'est ainsi que le point vernal recule d'environ 1° en 72 ans : la coïncidence des signes zodiacaux et des constellations se reproduit tous les 26 000 ans et il y a décalage d'un signe entre zodiaque et constellations tous les 2 160 ans[2]. Le signe zodiacal astrologique est donc la représentation de la position saisonnière du Soleil dans notre situation terrestre ; il porte le nom de la constellation qui y correspondait lorsque ce zodiaque a été instauré. Précisons enfin que chaque signe est souvent divisé en trois « décans » égaux.

En fait, les 12 signes zodiacaux et leurs noms traditionnels ne constituent qu'un moyen pratique, simple et efficace pour repérer la position de la Terre sur son orbite autour du Soleil : il s'agit là du zodiaque dit « tropique » pour lequel le 0° du Bélier correspond au point vernal (équinoxe de printemps). Il n'a donc plus de relation avec les constellations de la sphère étoilée. L'astrologie qui utilise ce zodiaque est la plus cou-

2. Ainsi, pour un natif du Bélier par exemple, le Soleil se trouve dans le signe zodiacal du Bélier mais traverse actuellement en réalité la constellation des Poissons [1].

rante et n'est donc pas concernée par le phénomène de précession des équinoxes évoqué ci-dessus. Par contre, certains astrologues, dits « sidéralistes », peu nombreux, utilisent un zodiaque « sidéral » correspondant aux constellations réelles. Pour eux, la tâche est rendue délicate du fait qu'ils doivent tenir compte de l'évolution du point vernal sur le fond d'étoiles fixes ; (le terme hindou de « ayanamsa » est utilisé pour décrire la différence entre les deux zodiaques). Il faut alors remarquer que, logiquement, ils devraient abandonner la division en 12 signes égaux et entrer dans le domaine complexe de l'*astrométrie*, certaines constellations couvrant plus de 30°, d'autres moins, etc., ce qu'ils ne paraissent pas faire.

Significations des signes. — A chacun des 12 signes sont attribuées un certain nombre de caractéristiques définies. Elles peuvent être résumées de la façon suivante par quelques mots clefs simples synthétisant très sommairement les acceptions les plus généralement admises, lesquelles n'ont pour possibilité que faire percevoir le « climat » propre à chaque signe.

1. Bélier : élan — énergie — volonté — enthousiasme — ardeur — action.
2. Taureau : patience — persévérance — stabilité — matérialité — fertilité — entêtement.
3. Gémeaux : adaptabilité — dualité — mobilité — flexibilité — changements — communication.
4. Cancer : imagination — sentimentalité — famille — foyer — passé.
5. Lion : création — puissance — gloire — domination — magnanimité — idéal — rayonnement.
6. Vierge : méthode — analyse — travail — dévouement — science — ingéniosité — pudeur.
7. Balance : justice — jugement — harmonie — conciliation — indécision — paix — association.
8. Scorpion : pouvoirs cachés — secrets — agressivité — mystère — sexualité — désir.
9. Sagittaire : ouverture — voyages — philosophie — religion — idéal.

10. Capricorne : sérieux — austérité — réalisation — travail — ambition — patience — exactitude — lenteur.
11. Verseau : avenir — relations sociales — amitiés — inventions — bienfaisance — originalité — indépendance.
12. Poissons : irrationalisme — dévouement — vulnérabilité — sacrifice — impressionnabilité.

(On trouvera les exposés détaillés de ces caractéristiques dans tous les ouvrages cités [1 à 7].

Différents classements des signes du zodiaque. — Etant directement relié aux saisons de l'hémisphère Nord où l'astrologie est née, un classement vient immédiatement à l'esprit, notoirement connu, celui des signes « cardinaux, fixes et mutables ».

Les signes cardinaux ou mobiles correspondent aux débuts de saisons, soit :

Bélier — après l'équinoxe de printemps.
Cancer — après le solstice d'été.
Balance — après l'équinoxe d'automne.
Capricorne — après le solstice d'hiver.

Les signes fixes se situent en milieu de saison :

Taureau — pour le printemps.
Lion — pour l'été.
Scorpion — pour l'automne.
Verseau — pour l'hiver.

Les signes mutables en fin de saison :

Gémeaux — pour le printemps.
Vierge — pour l'été.
Sagittaire — pour l'automne.
Poissons — pour l'hiver.

Les classements de signes, d'origine, on le verra, fort lointaine, comprennent aussi celui qui repose sur la distinction entre les 4 éléments fondamentaux qui correspond au découpage du cycle annuel en 3 fois 4 quarts. Se succèdent alors les 4 éléments : Feu, Terre, Air, et Eau attribuant au signe du

— Bélier	l'élément	Feu ;
— Taureau	—	Terre ;
— Gémeaux	—	Air ;
— Cancer	—	Eau,

pour le quart du début d'année, et ainsi de suite. Un ouvrage de A. Barbault [7 *bis*] en redéveloppe actuellement l'analyse.

On peut réunir en un tableau synthétique la double classification des 12 signes [6] la plus utilisée (tableau II).

Tableau II. — **Les deux classements les plus utilisés des signes du zodiaque : leurs correspondances**

	FEU	TERRE	AIR	EAU
CARDINAL	Bélier	Capricorne	Balance	Cancer
FIXE	Lion	Taureau	Verseau	Scorpion
MUTABLE	Sagittaire	Vierge	Gémeaux	Poissons

On doit ajouter aussi une troisième classification : celle des signes dits féminins et masculins. Les signes de Feu et d'Air sont masculins, ceux de Terre et d'Eau, féminins. Enfin, signalons que le caractère « pair » et « impair » est parfois pris en compte (en particulier par des astrologues anglo-saxons) en fonction du numéro attribué à partir du Bélier = n° 1.

II. — Soleil, Lune et planètes

Les éléments d'une carte du ciel. — Le Soleil est une étoile tandis que les planètes sont définies par les astronomes comme des corps célestes non lumineux par eux-mêmes, tournant autour du Soleil. Les planètes prises en compte par l'astrologie sont au nombre de 8 : Mercure, Vénus, Mars, Jupiter, Saturne, Uranus, Neptune et Pluton[3], par ordre croissant de distances respectives au Soleil, (la Terre se situant entre Vénus et Mars ; Mercure et Vénus étant dites « planètes inférieures »). La Lune, enfin, n'est que notre satellite. Pour l'astrologie, Soleil et Lune sont qualifiés de « luminaires » et positionnés dans les Ephémérides géocentriques comme les planètes.

Un thème natal doit ainsi comporter la position dans le zodiaque de 10 éléments figurés auxquels peuvent s'ajouter la position de « nœuds », lunaires généralement, donnés dans les tables. Ces « nœuds » (nord et sud) sont les points d'intersection de l'orbite d'une planète avec le plan de l'écliptique. Les nœuds des planètes se déplacent fort peu et ne sont pas utilisés. Par contre, les nœuds de la Lune sont calculés en astrologie, généralement tenus pour dépourvus d'influence propre, mais considérés dans leur relation avec les autres éléments de la carte du ciel.

Deux sortes de coordonnées vont permettre de positionner les éléments d'un thème de naissance : les *coordonnées équatoriales* : ascension droite et déclinaison ; les *coordonnées écliptiques* : latitude et longitude.Les Ephémérides [8] donnent la longitude = angle formé par la distance du point vernal au point occupé par l'élément céleste. Elle se compte de 0° (point vernal) à 360° dans le sens direct du parcours solaire, soit, sur la figure 1, dans le sens inverse des aiguilles d'une montre.Les Ephémérides donnent aussi la déclinaison ou hauteur angulaire de l'élément au-dessus ou en dessous de l'équateur céleste, donnée en degrés (0 à 90°) en direction nord ou sud.

Dans ce repérage géocentrique, le Soleil parcourt le

3. Seules les 5 premières étaient connues dans l'Antiquité puisque visibles à l'œil nu. Uranus a été découverte en 1781 par Herschel, Neptune en 1846 à la suite des calculs de Le Verrier, Pluton en 1930 par P. Lowell et C. Tombaugh.

zodiaque en 1 an et les planètes selon les durées qui leur sont propres, consignées dans le tableau III où est indiqué en même temps le symbole qui les désigne[4].

TABLEAU III. — **Les planètes de l'astrologie : leurs symboles et leurs temps de révolution autour du Soleil**

	Symbole	Temps de Révolution
soleil	☉	1 an
lune	☽	27 jours
mercure	☿	87 jours
vénus	♀	224 jours
mars	♂	687 jours
jupiter	♃	11,86 ans
saturne	♄	29,44 ans
uranus	♅	83,80 ans
neptune	♆	163,83 ans
pluton	⯓ ♇	245,49 ans

Il convient de préciser ici que le « signe zodiacal » souvent connu par une personne n'est qu'un élément de sa carte du ciel : la position de son Soleil de naissance. La figure 2 donne un exemple de positionnement pour un natif de 1989.

Certains astrologues positionnent, enfin, d'autres points fictifs que les nœuds lunaires, telle la « Lune noire » : c'est le second foyer de l'orbite de la Lune.

4. Les astéroïdes, petites planètes circulant entre les orbites de Mars et de Jupiter, incalculables pour un thème, ne sont pas pris en compte par l'astrologie. Pas plus que d'éventuelles planètes transPlutoniennes supputées parfois par les astrologues et les astronomes.

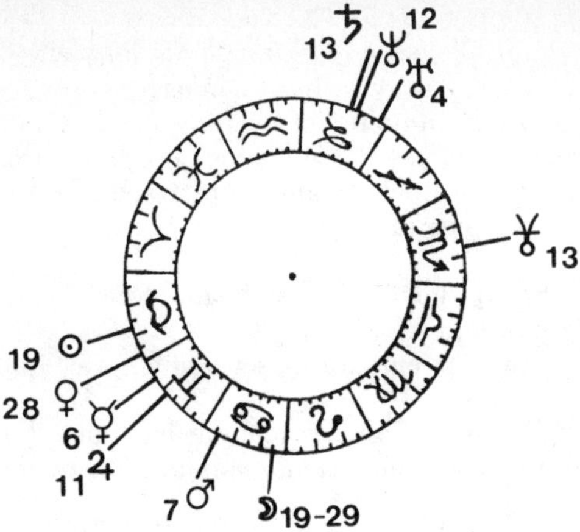

Fig. 2. — Zodiaque et position des 10 éléments astrologiques du ciel d'une naissance le 10 mai 1989. Chaque planète est représentée par son symbole (Soleil, Lune + 8 planètes) avec le degré correspondant dans le signe.
Voir signification des symboles dans le tableau III, p. 12.

Contrairement à la réalité héliocentrique du système solaire où, chacune suivant sa vitesse et son orbite, les planètes se déplacent toujours dans le même sens, les Ephémérides donnent dans certains cas des valeurs telles que la planète recule par rapport à l'ensemble défini ci-dessus. C'est le phénomène de « rétrogradation » apparente facile à comprendre si l'on n'oublie pas que l'astrologie travaille en système géocentrique. Ainsi, par exemple, dans l'année 1989, Saturne, vu de la Terre, rétrograde du 2 mai au 13 septembre de 13°5 à 7°1 du Capricorne pour reprendre sa marche en avant et retrouver sa valeur antérieure au mois de décembre de la même année.

Signification des planètes. — Chaque planète se voit attribuer une signification propre. Celle-ci est facile à formuler pour les plus anciennement connues, moins aisée pour les trois récemment découvertes (Uranus, Neptune et Pluton) pour lesquelles les astrologues ont des avis moins homogènes.

Voici néanmoins, et de façon aussi sommaire que pour les signes du zodiaque, les grandes lignes des caractères qu'elles représentent sous forme de mots clefs les plus utilisés.

— Soleil : facultés individuelles, force de vie, volonté, masculinité.
— Lune : émotions, sensibilité, vie quotidienne, féminité.
— Mercure : système mental, fonctions de relation .
— Vénus : sentiments, amour, harmonie, beauté, arts.
— Mars : lutte, guerre, rivalité, énergie, agressivité.
— Jupiter : maturité, autorité, société, réussite, richesse, expansion, épanouissement.
— Saturne : temps, expérience, réflexion, solitude, rétractation, lenteur.
— Uranus : changements, directivité, originalité, inventions, progrès.
— Neptune : inspiration, intuition, réceptivité, malléabilité, rêve.
— Pluton : subconscient, choses cachées, marginalité.

Comme on peut s'en douter, les trois planètes transsaturniennes sont l'objet de recherches et de mises au point de la part d'un certain nombre d'astrologues [12, 13].

Forces et faiblesses des planètes. — Chaque planète voit ses significations partiellement modifiées par le signe zodiacal dans lequel elle se trouve.

L'astrologie définit très généralement des sites électifs qui valorisent ou dévalorisent, renforcent ou affaiblissent la signification de chaque planète. Ce sont les « dignités » ou « maîtrises » : domiciles et exaltations, et les « débilités » : exil ou chute.

Domicile : il y a identité d'action parfaite entre la planète et le signe ; la force de l'une et l'autre coopèrent harmonieusement, par exemple : Mars en Bélier ou Soleil et Lion. Généralement, une planète en domicile ne peut pas nuire.

Exaltation : les caractéristiques du signe et de la planète se renforcent mutuellement ; par exemple Mercure est exalté dans le signe de la Vierge : les facultés mentales y sont alors exacerbées, en conformité avec le caractère analytique et méthodique du signe.

Exil : la planète occupe le signe opposé à son domicile dans le cercle zodiacal. Sa force n'est pas interrompue mais elle agit dans le sens où l'entraîne le signe, à contre courant. Par exemple, avec Mars en Balance (signe opposé au Bélier), l'énergie tendra à se mettre au service de l'harmonie du signe qui peut souffrir d'un excès d'agressivité.

Chute : la planète occupe le signe opposé à son exaltation ; elle devient nuisible aux caractéristiques dont elle est porteuse, lesquelles seront appauvries. Par exemple, Vénus, en exaltation dans le signe des

TABLEAU IV. — **Tableau des « dignités » et « débilités » des planètes (d'après [4]).**

Planète	*Domicile*	*Exaltation*	*Exil*	Chute
Soleil	Lion	Bélier	Verseau	Balance
Lune	Cancer	Taureau	Capricorne	Scorpion
Mercure	Gémeaux Vierge	Vierge	Sagittaire Poissons	Poissons
Vénus	Taureau Balance	Poissons	Scorpion Bélier	Vierge
Mars	Scorpion Bélier	Capricorne Scorpion	Balance Taureau	Cancer
Jupiter	Sagittaire Poissons	Cancer	Gémeaux Vierge	Capricorne
Saturne	Capricorne Verseau	Balance	Cancer Lion	Bélier
Uranus	Verseau	Scorpion	Lion	Taureau
Neptune	Poissons	Lion	Vierge	Verseau
Pluton	Scorpion	Bélier	Taureau	Balance

Poissons, est très altérée dans la Vierge car son principe d'amour se trouve contrarié par la dominance rationnelle de ce signe.

Le tableau IV donne la répartition des 10 planètes astrologiques dans ces 4 situations. On remarquera que certaines d'entre elles possèdent 2 maîtrises et que, bien que récemment découvertes, Uranus, Neptune et Pluton se sont vu attribuer des places dans ce système en fonction des caractères déjà reconnus par les astrologues.

Aspects interplanétaires. — On appelle « aspect » un angle remarquable existant entre les longitudes des planètes. La tradition astrologique distingue :

— les aspects harmoniques : « conjonctions », les astres ont même longitude, « trigones » = 120° et « sextils » = 60° (auxquels on ajoute parfois le semi-sextil = 30° et le quinconce = 150°)
— les aspects discordants : « oppositions » 180° et « carrés » = 90° (auxquels peuvent s'ajouter le semi-carré = 45° et le sesqui-carré = 135°).

L'aspect est d'autant plus caractéristique dans un thème qu'il est exact au degré près. Dans la pratique, on admet qu'il existe dans une zone étroite située de part et d'autre de l'aspect exact : l'orbe. La valeur de l'orbe est variable selon les auteurs, le plus souvent de 10° pour la conjonction et l'opposition, 8° pour le carré et le trigone, 5° enfin pour le sextil.

III. — Le ciel réel

Seule une demi-sphère céleste est vue en un point de notre globe, l'autre étant sous l'horizon. Toutes les planètes astrologiques (les 8 planètes, le Soleil et la Lune) se lèvent à l'est et se couchent à l'ouest — parcourant donc le ciel visible en raison de la rotation de la Terre sur elle-même.

Horizon et méridien. — Une opération importante de l'astrologue est de définir la ligne d'horizon réelle dans le zodiaque sur lequel il a positionné ses 10 éléments et par suite d'obtenir aussi le tracé de la ligne méridienne correspondant au point où le Soleil culmine à midi. Il est évident que dans cette opération, le lieu et l'heure exacts sont déterminants.

Le lieu est défini géographiquement par sa longitude et sa latitude [9]. Les positions des 4 points ou « angles » : horizon Est (= ascendant = AS), horizon Ouest (= descendant = DS), méridien (Milieu du ciel = MC)et son opposé (= fond du ciel = FC) sont données dans des Tables appropriées [10] en fonction de l'heure sidérale de la naissance.

Cette heure sidérale est calculée à partir de la valeur donnée par les Ephémérides [8] pour midi du jour de naissance, rectifiée en fonction de l'heure légale de cette naissance, transcrite en heures UT selon le régime horaire du lieu [11].

Les astrologues ont actuellement en France l'habitude d'orienter le zodiaque en représentant la ligne d'horizon réelle AS-DS à l'horizontale, AS à gauche (fig. 3).

Domification. — La ligne MC-FC est plus ou moins inclinée par rapport à la verticale du schéma (à gauche ou à droite). En effet, le méridien correspond à l'intersection de l'écliptique avec le cercle de la sphère céleste passant par les pôles et la verticale du lieu de naissance. Mais, dans la représentation qui en est faite, il définit avec l'horizon 4 parties découpées chacune en 3 « maisons » ou secteurs. Lorsqu'on reporte ces secteurs sur l'écliptique, ils prennent un aspect plus ou moins « gauche ». Dans le système Placidus, le Soleil, ou tout point de l'écliptique, parcourent en un temps égal chaque secteur diurne (au-dessus de l'horizon) et nocturne (en dessous de l'horizon).

Les 12 maisons ainsi définies — 6 au-dessus de l'horizon et 6 en dessous — sont positionnées dans la carte du ciel par leur pointe ou « cuspide » dont les

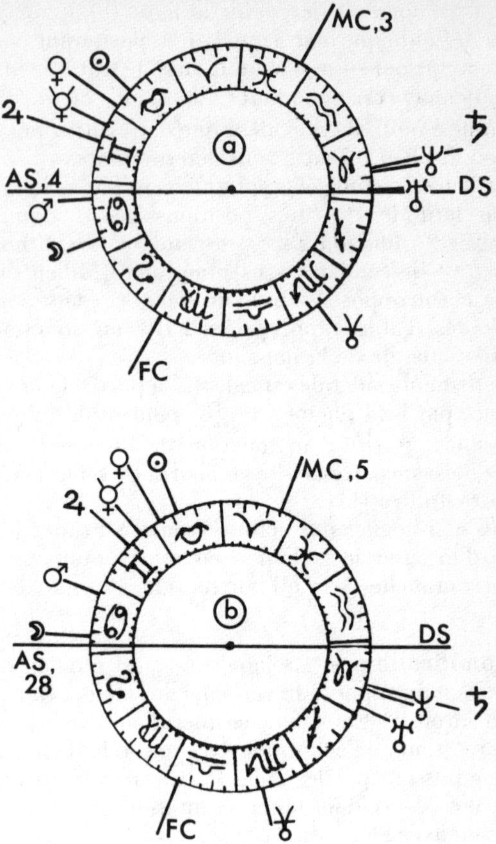

Fig. 3. — Deux exemples d'orientation du zodiaque pour une naissance du même jour que la figure 2, *a*) à 9 h et *b*) à 11 h. Les positions des planètes sont les mêmes. Seuls changent les « angles » : AS = ascendant et DS = descendant (= ligne d'horizon), MC = milieu du ciel, et FC = fond du ciel (ligne méridienne). Pour les astrologues, l'individu né à 9 h possède parmi ses grandes dominantes les planètes Mars et Uranus = énergie, directivité et dynamisme, tandis que celui né à 11 h est fortement lunaire = passivité, réceptivité et sensibilité. Deux tempéraments fort différents.

Tables [10] donnent les longitudes en degrés d'écliptique sur le zodiaque[5].

Le zodiaque est ainsi divisé en 12 signes égaux et 12 maisons inégales[6] numérotées dans le sens inverse des aiguilles d'une montre (fig. 3].

Le système de domification le plus utilisé évoqué ici provient des travaux de Placidus ; d'autres méthodes voisines existent, nous en évoquerons les auteurs dans la partie historique.

On peut remarquer que, lorsque la latitude croît, en se rapprochant du pôle, l'étendue des maisons se modifie. **Un thème de naissance d'un natif de Narvik en hiver, par exemple, n'a pas de maisons Placidus utilisables mais ce thème sera caractérisable par la position relative des planètes sous l'horizon dans leur presque totalité — Jupiter étant au-dessus dans ces années (nous précisons ce fait car il est au cœur de l'une des polémiques anti-astrologiques).**

Le principe de la domification pour les latitudes de l'hémisphère sud diffère de façon simple de celle décrite ci-dessus : au temps sidéral pour le jour de la naissance donné pour le nord dans les Tables, on ajoute ou retranche 12 heures et on lit dans la Table des maisons le signe opposé pour chacune d'entre elles (exemple : maison 1 à 17° Capricorne devient 17° Cancer).

Un point délicat de toutes les domifications : elles ne prennent pas en compte les latitudes des planètes. Ce n'est pas trop important lorsque celles-ci sont faibles. Mais celle d'une planète comme Pluton peut aller jusqu'à 17°. Par exemple, un Pluton au dessus de l'ascendant d'après l'Ephéméride peut être en fait en dessous, ce qui peut être important pour les interprétations . L'astrologue Y. Lenoble propose donc de réaliser séparément un thème de « domitude » grâce à

5. Les 12 maisons sont représentées dans certains pays (anglo-saxons en particulier) par 12 triangles à l'intérieur d'un rectangle.

6. A certaines époques, le graphisme inverse est utilisé : 12 maisons égales et 12 signes zodiacaux inégaux.

des calculs précis pour chaque planète en tenant compte de leurs positions réelles en latitude[7].

Significations et classements. — Le degré de l'ascendant marquant le début du cycle du jour de même que le 0° Bélier commence le cycle annuel, tous deux divisés en 12 parties (maisons et signes), des correspondances ont été établies entre chaque maison et chaque signe : la maison 1 avec le Bélier, la 2 avec le Taureau... jusqu'à la maison 12 avec les Poissons. Ce principe est généralement admis. C'est ainsi que des significations précises sont attribuées par les astrologues à chaque maison. Nous en résumerons, ici encore, l'essence sommaire par les mots clefs les plus courants. D'une façon générale, on considère que les maisons localisent sur Terre, dans la vie quotidienne, les influences des signes et des planètes précédemment décrites. Ainsi la maison :

1 : personnalité visible ;
2 : acquisitions, possessions ;
3 : relations, intelligence, communication ;
4 : foyer, famille ;
5 : création, plaisirs ;
6 : travail, santé, vie domestique ;
7 : associations, ruptures ;
8 : crises, pertes, sexualité, transformations ;
9 : lointain, spiritualité ;
10 : monde social, carrière, honneurs ;
11 : affinités, amis, projets ;
12 : épreuves, secret, subconscient.

Bien entendu, ce nouveau code qui se superpose au zodiaque a fait réfléchir et inspiré beaucoup d'astrologues. C'est ainsi que de nombreuses classifications ont été tentées, souvent avec des logiques intrinsèques intéressantes. Nous en donnerons quelques exemples.

7. Y. Lenoble, Le thème de domitude, in *Cahiers conditionnalistes*, n° 4, Paris, COMAC, 1981.

Le but commun en est évidemment de faciliter les interprétations.

Classement des maisons selon Barbault [3]. — Les maisons s'ordonnent selon des axes : de même que l'axe Gémeaux-Sagittaire est celui de la mobilité et des voyages, l'axe des maisons 3-9 est celui des déplacements, petits et grands. De même l'axe 5-11 est celui des échanges sentimentaux et amicaux, etc.

Selon Hades [4]. Les maisons sont :

— angulaires : 1, 10, 7, 4 ;
— succédentes : 2, 5, 8, 11 ;
— cadentes : 3, 6, 9, 12,

avec des importances différentes.

Selon Nicola [6]. — Dans la circonférence du zodiaque, on peut relier les maisons 3 par 3 par des triangles équilatéraux d'après les groupements réalisés par l'astrologue anglais Bailey. On obtient ainsi :

— triangle du sujet : 1, 5 et 9 = le sujet en personne, ses émotions, voyages et croyances ;
— triangle de l'objet : 10, 2 et 6 = objet du destin social, objets matériels et quotidiens ;
— triangle de la relation : 7, 11 et 3= relations principales, amicales et multiples ;
— triangle de l'intégration : 4, 8 et 12 = appartenance à une famille, à un ensemble, déracinements par rapport aux appartenances reçues à la naissance. Ce système est désigné par ses initiales : SORI.

Le thème natal étant ainsi complètement construit, les astrologues cherchent à découvrir l'individu[8] auquel il se rapporte (interprétation psychologique) et à réaliser des prévisions sur son devenir. Les deux domaines relèvent de techniques tellement distinctes que nous estimons devoir les traiter séparément.

8. Ou le pays, l'entreprise, etc., toutes les entités ayant une « date de naissance » précise peuvent, d'après un certain nombre d'astrologues, voir leur carte du ciel étudiée de la même façon. En particulier, ce qui a trait aux pays donne lieu à ce qu'on qualifie d'« astrologie mondiale ».

IV. — Interprétation psychologique

La lecture de la carte du ciel d'un individu est une opération complexe . En effet, tout ce qui a été décrit ci-dessus concernant la typologie propre des signes, planètes et leurs aspects et maisons doit être pris en compte, ce qui rassemble beaucoup d'éléments. Seul un esprit bien entraîné et suffisamment expérimenté mènera à bien cette opération de traduction autrement que par l'addition statique des éléments successivement découverts. C'est en cela que l'on peut parler d'un « art de l'interprétation » au même titre que l'art du diagnostic d'un médecin. L'esprit de synthèse s'impose évidemment pour une vision globale d'un être. Il est d'ailleurs cohérent de découvrir qu'il éxiste rarement deux thèmes semblables, pas plus qu'en biologie, deux génotypes identiques (sauf, d'un côté, les jumeaux cosmiques, de l'autre, les jumeaux vrais).

Néanmoins, la plupart des astrologues appliquent des règles générales que nous allons de tenter de résumer ici.

Il convient de rechercher d'abord la ou les dominantes d'un thème (aux références ci-dessus utilisées, sont ajoutées les suivantes : [14 à 19].

Ces dominantes sont en tout premier lieu les planètes angulaires (fig. 3)[9] : situées en conjonction avec AS et MC surtout, d'influence un peu moins forte, situées en DS et FC. Certains thèmes n'ayant pas de

9. Grâce à cette méthode, on peut dans certains thèmes vérifier l'exactitude de l'heure de naissance ou la trouver : c'est la technique de la « rectification ». Par exemple, Mme C. , femme très charmante, aimable, douce, intuitive, sensible, recherchée pour ses contacts en même temps que bonne organisatrice, était tenue par sa famille pour née à 4 h. Cela lui donnait des angles vides, une dominante Capricorne, un AS-MC Scorpion-Vierge : signe de sécheresse, dureté et introversion — toutes caractéristiques incompatibles avec sa nature évidente. Par contre, une naissance plus précoce, à 2 h, met en angle — donc en dominantes — : la Lune à l'AS = sensibilité, réceptivité ; Jupiter au MC = présence, sociabilité ; et Vénus en FC = charme, douceur. Mercure et Uranus (communication et organisation, directivité) demeurent en conjonction avec le Soleil qui ne sont plus que des éléments secondaires. C'est là tout le portrait de Mme C. La vérification à la mairie de naissance confirme l'heure ainsi trouvée (observation personnelle). On voit la grande importance de l'heure.

planètes angulaires, la dominante résultera du signe le plus chargé d'éléments astraux, ou encore des planètes en conjonction avec les luminaires. A partir d'une ou des dominantes, qui seront précisées en fonction des signes, de la maîtrise de ceux-ci et des maisons, l'analyse s'ordonnera pour tendre vers une synthèse de l'image d'un individu unique et spécifique.

D'une façon générale, chaque planète représente une qualité fondamentale qui s'exprime dans le signe dans lequel elle se trouve, au sein du domaine vécu indiqué par la maison concernée. Par exemple, en schématisant un peu : Vénus = charme, beauté, amour; en Taureau = sentiments stables et fidèles (position forte, Vénus étant en « domicile » en Taureau), en maison 10 = le charme servira la carrière ou bien la carrière touchera les arts.

Les aspects sont autant d'éléments qui entrent dans la synthèse recherchée : leur nombre est très variable et peut être important. Les planètes en aspect sont traitées en fonction de leurs liaisons, elles interagissent, « rapides » et « lentes » différemment. Dans le cas de tendances psychologiquement contradictoires ou « contrastées » (par exemple Vénus et Saturne reliées), il y a problématique : deux possibilités à observer selon l'évolution de la vie.

Enfin, quand une planète reçoit beaucoup d'aspects, elle peut devenir une dominante.

Les aspects harmoniques ont été traditionnellement considérés comme bénéfiques et les discordants comme maléfiques. Cependant dans l'esprit de beaucoup d'astrologues actuels, les aspects tendent à être vus d'une façon moins manichéenne, les discordants n'étant plus systématiquement qualifiés de maléfiques mais indiquant une problématique soluble en fonction de la force psychique exprimée par les autres éléments du thème de l'individu. Il en est de même des planètes autrefois toujours qualifiées de maléfiques (Mars, Saturne) qui sont aujourd'hui généralement traduites en terme de caractéristiques psychologiques positives.

Les signes propres des angles (AS et MC surtout) possèdent une signification propre pour la psychologie de l'individu.

V. — Prévisions

De nombreuses techniques traditionnelles sont utilisées par les astrologues pour émettre des prévisions d'après un thème de naissance. Certains d'entre eux sont spécialistes de l'une, d'autres n'en utilisent qu'une ou plusieurs autres (voir le récent ouvrage de J. P. Nicola [19 *bis*]). Bref, les goûts sont variés, mais il nous est nécessaire de connaître ici l'essentiel de ces systèmes prévisionnels. Nous en résumerons les cinq principales.

Les directions. — Ce système est basé sur l'analogie que l'on peut voir entre la rotation de la Terre sur elle-même (un tour en un jour) et le mouvement du Soleil dans le zodiaque (un tour par an).

On « dirige » un élément du ciel de naissance (angle, planète) vers un autre considéré comme fixe en gardant sa position natale. Il y a donc un arc à calculer pour savoir quand, à quel âge l'élément, l'angle par exemple, sera en conjonction avec une planète importante, par exemple le Soleil. Ainsi le temps que met un degré pour passer sur le méridien, quatre minutes de temps sidéral, correspond ainsi à une année de vie.

Cette méthode dite des « directions primaires » éxige, on le voit, une grande précision des données horaires de naissance. C'est peut-être pourquoi elle semble peu utilisée.

Les « directions symboliques » reposent sur le même principe mais en admettant l'équivalence un degré un an de vie.

Enfin, les « directions secondaires » ou « progressions » considèrent le déplacement des planètes à raison d'un jour par an. Ainsi, pour prévoir l'avenir d'un individu à 30 ans, il faut considérer sa carte du ciel à son 30e jour après la naissance et en effectuer une analyse en fonction de la carte d'origine. Ainsi, par exemple, Barbault [3] affirme que la rencontre directionnelle Soleil-Mercure correspond souvent à l'année où la personne prend conscience de sa personnalité et prend une orientation professionnelle (ce qui laisse supposer qu'une conjonction Soleil-Mercure de naissance annonce une vocation précoce).

La révolution solaire. — Contrairement aux techniques précédentes, celle-ci repose sur un fait astronomique : le retour du Soleil à la place exacte qu'il occupait dans le zodiaque au moment de la naissance. Bien entendu, une nouvelle carte du ciel est obtenue avec un nouvel AS et MC, évoquant une « renaissance ». A. Volguine a étudié profondément cette technique depuis 50 ans [20], tout en soulignant qu'un bon « prévisionniste » doit faire la synthèse de cette technique avec les précédentes. Il insiste pour que la carte du ciel de la révolution solaire soit érigée pour le lieu où se trouve la personne le jour de son anniversaire. Cela permet d'envisager l'utilisation d'un voyage (qui déplace les angles du ciel réel) pour éviter des aspects jugés néfastes ou non souhaités, lesquels peuvent être prévus à l'avance. Une analyse très détaillée de cette carte de « révolution solaire » est réalisée en prenant en compte les éléments nouveaux par rapport à ceux de naissance.

Les transits. — Encore une technique, plus simple cette fois, basée sur l'évolution astronomique des planètes [21].

Les transits correspondent aux passages des planètes du ciel réel sur les points sensibles de la carte du thème de naissance ou en aspects avec ceux-ci. Les astrologues s'accordent assez souvent pour retenir les passages de planètes lentes, telles que Saturne,Uranus ou Neptune. On peut, par exemple, calculer à l'avance la date exacte de passage d'Uranus sur une position forte d'une Vénus du thème natal : il y aura alors recrudescence d'événements de type Vénusien, touchant intimement et affectivement la personne. Les transits d'Uranus sont d'ailleurs considérés par certains comme les plus fiables, en faisant remarquer que l'orbite de cette planète à une durée proche de la vie humaine (84 ans)[10].

Ce type de technique est utilisé par bon nombre de journaux sous la rubrique « horoscope ». Chaque signe voit décrit son climat, « cœur, santé, vie sociale, etc. », pour la semaine de parution. En général, l'analyse est réalisée sur la base des simples aspects entre chaque signe et le signe des planètes du ciel réel. Par exemple, dans un hebdomadaire féminin du 30 mai 1988, les natifs du Bélier lisent : « cœur : le Soleil, Vénus et Mercure ne cesseront pas de vous être favorables. » En effet, les trois éléments forment un sextil, réputé bénéfique avec le signe — considéré dans son entier — du Bélier. Les natifs de la Vierge découvrent au contraire « cœur : incompréhension, nervosité, malentendus », car Vénus et Mercure sont en carré avec le signe de la Vierge aussi considéré globalement, Mars étant de plus en opposition = deux aspects réputés maléfiques. Dans ces prévisions journalistiques, ni l'heure, ni le lieu, ni le jour de naissance ne sont, bien évidemment, considérés : la prévision est très approximative par rapport aux précédentes.

Les parts. — Beaucoup d'astrologues utilisent un calcul à première vue assez étrange dit « part de fortune ». Nous verrons dans la partie historique qu'il s'agit là du vestige d'une ancienne technique plus largement utilisée [22] à certaines époques.

Les parts requièrent le choix de 2 éléments fixes qui

10. Ici aussi, on peut utiliser la méthode à l'envers et rechercher l'heure exacte de naissance en étudiant par exemple un passage d'Uranus sur une position clef comme celle de l'AS, provoquant, aux dires des astrologues, un événement important non définissable. M. N. a été l'objet d'un accident soudain dont les répercussions sont larges, en fin septembre 1984 : Uranus était à 10° du Sagittaire. La personne devait avoir là son AS. Elle était effectivement née à 5 h ce qui donnait AS = 10° Sagittaire (observation personnelle) (voir note infra-paginale 9).

peuvent être les luminaires (Soleil et Lune) dont on calcule la distance en longitude zodiacale dans le sens des signes, puis d'un élément « mobile » significateur, telle une position de maison, que l'on ajoute à l'angle calculé : on obtient ainsi une position à l'intérieur d'un signe. La part de fortune n'est autre que l'une des nombreuses parts calculables : elle prend comme élément mobile l'ascendant et consiste à reporter l'angle Soleil-Lune à partir de l'ascendant. On remarque que lorsqu'une personne est née le jour de la nouvelle Lune (conjonction Soleil-Lune) sa part de fortune est à l'ascendant. Celle-ci est donc, en résumé, une expression de l'état lunaire de la naissance. L'interprétation de ce point fictif est sujet à caution car les astrologues se divisent : les uns l'interprètent en fonction du signe, les autres en fonction de la maison à l'intérieur de laquelle elle se trouve.

Les cycles. — Pour terminer l'exposé de ces méthodes, il nous faut évoquer l'utilisation des cycles astronomiques planétaires. Beaucoup d'astrologues ont cherché à définir des périodes régulières au cours de la vie, susceptibles de percevoir un climat, une forme de vie, une attitude générale reproductibles.

L'une assez courante, est basée sur le cycle de 7 ans (le 12e du cycle complet d'Uranus) selon lequel la vie est découpée en périodes de cette durée : de la naissance à 7 ans = réactions instinctuelles de base mises en relation avec le premier signe du Bélier, puis 7 à 14 ans (Taureau) = crises affectant la nature sexuelle et émotionnelle, 14 à 21 ans, etc.

Dans ce domaine des cycles vitaux, une « Théorie des âges » récente prend en compte au contraire les durées orbitales de chaque planète depuis la plus proche du Soleil jusqu'à la plus éloignée qui seraient successivement « intégrées » par l'enfant, le jeune et l'adulte selon ce schéma [23,24] :

— 1er mois : la Lune ;
— 2e-3e mois : Mercure ;

— 4e-8e mois : Vénus ;
— 9 mois — I an : Soleil ;
— 1 à 2 ans : Mars ;
— 2 à 12 ans : Jupiter ;
— 12 à 30 ans : Saturne ;
— 30 à 84 ans : Uranus ;

périodes correspondant assez bien avec la nature astrologique attribuée à chaque planète.

L'étude des cycles de retour des conjonctions de naissance est aussi parfois utilisée pour la prévision de grandes étapes de vie. Il est en effet facile de les calculer selon la formule :

$$L \times R/L - R$$

où L = durée de la révolution de la planète la plus lente et R = durée de la plus rapide.

Ainsi, les conjonctions de Saturne (30ans) avec Jupiter (12 ans) se répètent tous les 20 ans et possèdent une signification prévisionnelle selon le lieu zodiacal où elles se reproduisent dans la carte du ciel étudiée.

CHAPITRE II

ORIGINE DES DIFFÉRENTS ÉLÉMENTS DE LA TECHNIQUE ASTROLOGIQUE ET LEUR ÉVOLUTION

Les différents éléments exposés ci-dessus trouvèrent leur origine dans la nécessité de mesurer le temps quotidien et annuel dans des régions de basses latitudes que sont la Mésopotamie et l'Egypte. Les civilisations méditerranéennes furent ensuite les témoins de l'expansion de ces techniques.

A part les miraculeuses collections de milliers de tablettes d'argile de Babylone découvertes récemment, il ne reste pratiquement rien des anciennes collections de livres du monde méditerranéen. Les soldats de César ont brûlé la bibliothèque d'Alexandrie, les Croisés ont incendié celle de Constantinople. Le monde occidental actuel se reporte donc aux copies du Moyen âge issues d'un long cheminement que nous n'aborderons pas. On possède de bonnes traductions en français et leurs analyses [1, 5, 25 à 31][1].

I. — Premières connaissances astrologiques de l'Antiquité

Les débuts. — L'homme primitif, vivant en contact étroit avec la nature, a observé, bien avant l'invention de l'écriture, les phases de la Lune et le mouvement diurne du Soleil et des éléments lumineux de la voûte

1. *Archéologia*, n° 15, mars-avril 1967.

céleste nocturne[2]. Agriculteur, il reconnait tôt l'importance des solstices et des équinoxes. Quatre saisons en Mésopotamie, 3 dans la vallée du Nil, rythmées par les crues, amenèrent la création de calendriers afin de prévoir la succession des activités annuelles.

Avec le retour des mêmes positions du Soleil, partout l'année a été suivie au moyen de ses 12 lunaisons qui constitua un chiffre fondamental.

La première chronologie en Egypte divise l'année en 360 jours (+ 5] aux environs de 3 000 ans avant J.-C. Les mois de 30 jours sont divisés en 3 semaines de 10 jours (les « décans » qui seront introduits plus tard dans l'astrologie grecque). Le jour est divisé en 24 heures inégales, 2 fois 12 heures, diurnes et nocturnes, rattachées à 12 animaux sacrés : chat, chien, serpent, scarabée, âne, lion, bouc, taureau, épervier, singe, ibis, crocodile... Ici, peu d'observations directes du ciel : les calendriers sont liés à la vie propre du Nil. En effet, l'Egypte pharaonique est avant tout caractérisée par un attachement à ces acquis millénaires qui ont permis la maîtrise du fleuve. Mathématiciens, astronomes, ingénieurs — l'élite intellectuelle en contact étroit avec la caste sacerdotale — transmettent ces sciences enseignées dans les temples. Le Soleil est l'objet de la vénération de ce peuple dans une région où il ne pleut que rarement, surtout en haute Egypte, et le culte solaire remonte à la plus haute antiquité.

Babylone. — En Mésopotamie, tout commence entre le Tigre et l'Euphrate, sous une latitude propice à l'agriculture, aux manifestations des saisons (autour de 30° de latitude Nord) et à l'observation du ciel[1 bis].

Entre le VIe et le Ier millénaire avant notre ère, le pays est partagé entre Sumer au sud et Akkad au nord. D'abord aide-mémoire pratiques et concrets, les ins-

2. Des vestiges d'observations lunaires auraient été retrouvées dans des objets du Paléolithique et du Mésolithique européen, voir Marshok, Lunar notation on upper paleolithic remains, *Science*, 1964, 146, 743-745.

1 *bis*. L'astrologie est née en Mésopotamie (J. Bottéro, *Initiation à l'Orient ancien*, H 170, « Points-Seuil », 1992, p. 227-143).

criptions dans l'argile avec des roseaux taillés (abondants dans cette région fluviale) deviennent une véritable écriture dite « cunéiforme », à base phonétique. Invention fondamentale des Sumériens, reprise par les Akkadiens qui dominent ensuite Sumer, cette écriture allait devenir celle du royaume de Babylone à partir du 2e millénaire avant J.-C. Conservée et développée par une élite « aristocratique », elle confère à celle-ci un grand pouvoir et un privilège.

Mais l'important, en ce qui nous concerne, est que ces lettrés ont développé une extraordinaire tradition d'observation et de conservation des documents les plus divers et des faits de tous ordres[3], y compris ceux relatifs au ciel. La première tablette astronomique retrouvée date du VIIIe siècle avant notre ère. Une tablette décrit toutes les éclipses lunaires qui se sont produites à Babylone entre le règne de Nabonasser et l'an 317 av. J.-C., soit pendant 400 ans. Certaines tablettes concernent des observations quotidiennes et sont donc des éphémérides astronomiques. Elles deviennent nombreuses à partir du IVe siècle et d'une objectivité qu'attestent des remarques telles que : « nuageux, je n'ai pu observer », à la place d'un chiffre. En même temps que sont notées ces observations méthodiques se développe une astronomie mathématique fort complexe. On pense aussi que les « ziggurats », ces grands édifices, permettaient le travail des astronomes (Babylone VIIe-VIe siècle av. J.-C.).

Après le mouvement diurne et les phases de la Lune, les astronomes déterminent les points cardinaux et suivent la marche du Soleil parmi les constellations d'étoiles. Ils identifient les 5 planètes (= astres errants) visibles à l'œil nu : Mercure, Vénus, Mars, Jupiter et Saturne, après avoir d'abord compté double

3. On admire les Babyloniens qui ont consacré tant d'énergie et d'efforts à la rédaction de ces tablettes : ils enregistraient mois après mois, année après année, siècle après siècle tout ce qu'ils observaient et savaient. Par exemple, dans les ruines de Ninive, à Kouyoundjik, plus de 25 000 tablettes ont été retrouvées à partir de 1847, et 50 000 dans le temple de Nippour près de Babylone.

les deux premières en raison de leurs positions parfois matudinale, parfois vespérale.

Des dieux commandent le mouvement de chaque astre. Le dieu lunaire Sin règne sur la végétation, les mois, les années, les jours et la destinée des hommes. Le dieu solaire Shamash est le maître de la vie, le seigneur de justice. Ishtar, déesse de l'amour, correspond à Vénus. Les autres astres, fixes ou errants, sont les « bibbous » ou moutons, les uns apprivoisés (étoiles fixes), les autres errants ou sauvages (planètes). Parmi ces dernières, « l'étoile blanche » (Jupiter) est le créateur Mardouk, dieu protecteur de Babylone. Son fils et compagnon Nabu est reconnu en Mercure : c'est le dieu qui tient le stylet des tablettes du destin, le dieu des sciences. Mars est Nergal, dieu des enfers et des armes, porte-malheur à l'inquiétant éclat rouge. Saturne, dont la démarche lente est remarquée, est assimilé à un vieux Soleil fatigué, Ninourta, le stable, astre de la justice et de l'ordre.

Ainsi, dans cette religion polythéiste babylonienne, on voit apparaître les symboliques astrologiques décrites dans le chapitre I.

Les présages sont étudiés (4 000 tablettes de présages dans la collection du roi Assourbanipal, 669-626 av. J.-C.) sans que l'on puisse vraiment comprendre les méthodes utilisées. Les dangers peuvent être d'ailleurs écartés par des sacrifices ou des rites : il n'y a jamais croyance en un destin inéluctable à Babylone. Les « oracles » célestes concernent la Lune, le Soleil, les éclipses, les météores, le tonnerre, la pluie. Un recueil d'oracles très important a été retrouvé, concernant les sujets les plus variés : fantômes, démons, construction de maisons, bruits, inondations, animaux, puits etc. Des prédictions portent sur des événements publics : mort d'un roi, invasion d'un territoire, qualité des récoltes, famines, épidémies, pluies (le beau temps, habituel, n'est jamais mentionné...)

Les premiers calendriers mésopotaniens sont construits en conciliant jours, lunaisons et années.

Ils comportent 12 mois commençant avec le printemps[4].

Le jour est divisé en 12 parties égales d'une heure double, divisée en 60 doubles minutes selon le calcul sexagésimal adopté pour la première fois ici : il devait s'imposer partout.

Le cercle gradué est divisé en 12 parties égales et le premier zodiaque découvert est daté à 419 av. J.-C.. Le point de départ des signes du zodiaque est une étoile fixe brillante (et non le point vernal de nos jours = zodiaque tropique) ;c'est donc un zodiaque sidéral (voir dans le chapitre I le passage de l'un à l'autre en raison de la précession des équinoxes).

Les origines des signes du zodiaque. — On résume de la façon suivante ce que l'on peut reconstituer des 12 signes du zodiaque de cette époque.

— Bélier : les anciens peuples bergers, les éleveurs de petit bétail voient une correspondance entre le retour du printemps, la transformation de la Terre et la prolifération des troupeaux.

— Taureau : ce signe proviendrait des éleveurs de gros bétail d'Asie Mineure, il est certainement très ancien. On a trouvé sur des sceaux les représentations de Taureaux et Scorpions : à – 3 000 ans, le Soleil se levait dans la constellation du même nom le 21 mars et se couchait à l'automne dans le Scorpion.

— Gémeaux : ce nom se retrouve dans d'anciens textes cunéiformes. D'un dragon bicéphale pour les Sémites du Nord, ils deviennent deux hommes, on ne sait sous quelle influence.

— Cancer : d'abord têtes rapprochées d'un dragon mâle à tête de vautour et d'une femelle à tête de Lion, ils deviennent l'image d'une écrevisse ou d'un crabe.

— Lion : sur d'anciennes frises de Babylone, le Lion prend souvent la forme de démon. Il devient Lion en tant qu'animal royal, symbole des souverains

4. Nisan (mars-avril), aiar, siwân, tammuz, ab, ebûl, teshrit, arashsamma, kesilimmu, tebet, shebat, adar.

régnant sur la Mésopotamie. Il y a peut-être eu assimilation de la puisssance royale avec celle du Soleil au zénith de sa force.

— Vierge : la déesse de la fécondité est transposée en une Vierge que les femmes de Babylone prient sous le nom d'Ishtar.

— Balance : il s'agirait d'un signe récent. Il correspondrait d'abord au « teneur de Balance » représentant le marchand des premières grandes cités de Mésopotamie.

— Scorpion : l'animal fut très redouté en Babylonie car les annales citent des morts royales provoquées par leur piqûre. C'est Girtab = celui qui pique.

— Sagittaire : les Babyloniens le représentent comme un signe hybride, possédant une certaine majesté. Les Grecs en feront un Centaure.

— Capricorne : en Mésopotamie, il s'agit d'un être double, sorte de poisson-chèvre redouté. Les Grecs en feront une simple chèvre plus aimable, correspondant aux solitudes pierreuses du pays.

— Verseau : à Babylone, il est représenté sous la forme d'un homme agenouillé versant la pluie d'une urne. Plus tard ce sera le porteur d'amphore qui apporte les inondations.

— Poissons : se rapporte aux pêcheurs de l'Euphrate et du Tigre qui ont peut-être remarqué des correspondances entre cette constellation dans le ciel et l'époque du frai dans les fleuves.

Ce zodiaque se voit déjà sur la tablette de Cambyse [VIe siècle avant notre ère).

Apparition de l'astrologie individuelle. — Depuis plusieurs siècles constituée en discipline consacrée aux événements généraux et publics, l'astrologie commence un développement consacré à l'individu : on parle alors d'« astrologie généthliaque » : mot d'origine grecque. Le passage est flou mais certainement situé en Mésopotamie. Un « horoscope » babylonien est daté de 410 av. J.-C. (Babylone est alors partie intégrante de l'Empire achéménide – 539 : conquête de Cyrus) et ne cessera plus d'être dominée par des étrangers : Perse, Grèce, Parthe, Rome s'y succèdent. Il semble que sous la domination des Perses, la religion babylonienne se modifie et, moins basée sur la répétition de cycles naturels impersonnels, qu'elle tende à mettre davantage l'accent sur le caractère unique de l'existence de chacun et sur l'influence prépondérante de l'état du ciel à la naissance. Une série d'horoscopes de naissance ont été découverts sur tablettes d'argile, tous précédant sous forme de textes, les premiers horoscopes Grecs sur papyrus trouvés en Egypte (10 av. J.-C.)

Dans ces textes, sont décrites les positions planétaires dans le zodiaque et l'horizon semble déjà jouer un grand rôle puisque l'astre qui se lève est mis en relief. Les prédictions sont précises[5]. Ce sont aussi les premières esquisses d'une typologie psychologique mêlée aux prédictions vitales : « Les événements lui seront favorables, il sera fort... »

Les Babyloniens avaient donc mis au point des méthodes astrologiques d'analyse des horoscopes de naissances individuelles avant les Grecs. Les thèmes de l'astrologie occidentale apparaissent bien, sous forme, certes, rudimentaire, mais reconnaissable.

Au déclin de Babylone (dernière tablette datée de **74 après J.-C., correspond le rayonnement de l'astrologie dans le monde méditerranéen et son départ pour une lointaine aventure qui continue de nos jours.**

Un exemple de migration astrologique précoce. — Une influence babylonienne se développe précocement hors de Mésopotamie parmi les peuplades arri-

5. Par exemple, dans l'horoscope de 235 av. J.-C., provenant de Uruk, on lit « La position de Jupiter veut dire que sa vie sera régulière et sans à-coups, il deviendra riche, il vieillira, il vivra jusqu'à un âge très avancé. Vénus était à 4° du Taureau, la position de Vénus veut dire que partout où il ira, les choses tourneront bien pour lui, il aura des fils et des filles. La position du Soleil et de Mercure signifie qu'il sera courageux... »

vées sur les plateaux anatoliens au IIIe millénaire av. J.-C. pour constituer l'Empire hittite au IIe. Des relations marchandes se nouent avec Babylone et les élements culturels pénètrent en même temps, dont l'écriture cunéiforme. Parmi les pratiques divinatoires de ce peuple, on trouve ainsi des traductions de textes astrologiques Babyloniens, mais la version hittite paraît relever de conceptions plus primitives des phénomènes célestes. On en a retrouvé des vestiges archéologiques intéressants, entre autres, à Boghhaz-Köy.

Mais la Grèce antique est vraiment au cœur de l'évolution de l'astrologie dans le bassin méditerranéen et en Occident : c'est vers elle que nous devons nous tourner plus longuement.

II. — L'astrologie hellénistique

Aucune trace d'astrologie dans la Grèce archaïque ni dans celle de Périclès. L'astrologie semble bien n'apparaître qu'à la période hellénistique en liaison avec les conquêtes d'Alexandre le Grand.

Entre l'arrivée en Grèce du premier astrologue « chaldéen » — c'est le terme désormais utilisé pour désigner Babylone et sa région — Bérose, en 330 av. J.-C., et la rédaction du *Tétrabiblos* par Ptolémée à Alexandrie en 140 après J.-C., près de 5 siècles s'écoulent pendant lesquels se conservent les traditions, s'affinent les techniques, sans que nous puissions en connaître avec précision les étapes. Un terrain propice s'était certainement constitué là, en fonction des apports égyptiens, orientaux et Grecs. L'astrologie devient selon Knappich [26] « le résultat typique d'un croisement entre la science astrale orientale, la sagesse des temples egyptiens, l'astronomie babylonienne, les mathématiques et la philosophie naturaliste grecques ». Une différence semble apparaître par rapport à Babylone. Pour les Grecs, les astres seraient divinisés et exerceraient une influence directe sur le monde humain.

L'apport égyptien. — En Egypte pharaonique existe une croyance en un destin inéluctable. On relate qu'à côté de Maât et d'Isis il y a 7 prêtresses, les Hathors qui se penchent sur le berceau d'un nouveau-né pour lui annoncer son destin en présence d'un dieu-scribe. Les 7 Hathors préfigurent l'astrologie généthliaque grecque avec ses planètes et leurs dieux. Un très ancien ouvrage de cette astrologie gréco-égyptienne est cité sous le nom de « salmeskoiniake ». L'astrologie égyptienne est enseignée uniquement dans les temples et la recherche du destin à la naissance ne concerne que les privilégiés, rois ou prêtres. Les prêtres spécialistes sont appelés *horoscopoï* (= ceux qui observent l'heure) d'abord chargés de mesurer le temps, ensuite astrologues d'état.

Apport de la Grèce antique. — Le développement des sciences dans la Grèce antique est bien connu. Qu'il nous suffise d'évoquer quelques astronomes mathématiciens philosophes précurseurs du grand développement ultérieur de l'astrologie, laquelle s'est trouvée modelée sur leurs conceptions.

Une tradition d'astronomes érudits remonte à l'école de Milet, depuis Thalès (– 640 à – 548] jusqu'à Anakimène pour lequel « l'homme est semblable au monde comme la partie l'est au tout ». Pythagore (– VIe siècle) et ses disciples annoncent les éléments rationnels de l'étude géométrique du ciel de naissance selon l'adage souvent cité : « Qu'y a-t-il de plus sage ? — le nombre, qu'y a-t-il de plus beau ? — l'harmonie. » Ces conceptions permettront l'élaboration des aspects « maléfiques » et « bénéfiques » entre les planètes. Empédocle (– 490 à – 420) d'Agrigente apporte la conception des 4 éléments fondamentaux du monde : feu, terre, air et eau, qui seront plus tard associés aisément aux 12 signes du zodiaque. Aristote, précepteur d'Alexandre le Grand, fixe la nature de ces 4 éléments d'Empédocle : le feu est « chaud et sec », la Terre « froide et sèche », l'air « humide et chaud » et l'eau « humide et froide », — nature que certains intégreront aux signes du zodiaque. Avec Empédocle s'élabore aussi une conception intelligible de l'influence des astres car, pour lui, la lumière est « une émission d'effluves qui nous parviennent après s'être détachées du corps lumineux ». Hippocrate (– 460 à – 377] s'intéresse aux cycles saisonniers des maladies et décrit 4 tempéraments : bilieux, nerveux, sanguin et lymphatique correspondant aux 4 éléments d'Empédocle — racine de la première typologie humaine. Enfin, le grand philosophe Platon n'est pas sans influence sur le futur développement de l'astrologie puisque toute la nature, pour lui, est pensée et intelligence.

Bref, c'est tout le « génie grec » scientifique et rationnel qui va induire une nouvelle naissance à la tradition séculaire de l'astrologie chaldéo-babylonienne.

Bilan de l'astrologie hellénistique. — Avec la victoire d'Arbelles (– 331], Alexandre le Grand, ayant passé le Tigre et l'Euphrate, soumet la Mésopotamie. Babylone lui découvre ses connaissances, ses richesses et sa civilisation. Bérose, un prêtre chaldéen astrologue et historien, est envoyé en Grèce ; il fonde une école d'astrologie à Cos. Après sa grandiose épopée qui le mena à plus de 8 000 km de la Grèce, Alexandre meurt en – 323. Ses généraux se partagent son empire et propagent l'hellénisme tout en évoluant au contact de toutes les civilisations rencontrées (royaume de Macédoine, Egypte des Ptolémées, royaume de Syrie avec les Séleucides). Il en naît une civilisation gréco-orientale « hellénistique » dont les grands centres intellectuels sont Antioche, Pergame et surtout Alexandrie avec sa bibliothèque de 700 000 volumes, son « musée »-université et son observatoire astronomique.

C'est là que l'horoscope fut fondé sur des bases mathématiques — science si bien représentée par des savants tel Euclide (– 306 à – 283) qui y rédigea son célèbre traité de géométrie.

Pour déterminer la position des étoiles fixes fut créé un système de coordonnées que les Babyloniens ne connaissaient pas. Ainsi, depuis le Ier siècle avant J.-C., les astrologues n'ont plus besoin d'observer le ciel, ils possèdent des tables leur permettant de connaître les positions des planètes pour un lieu et une heure donnés.

Dès le IIe siècle av. J.-C., Hipparque, enseignant à Alexandrie, procède à des comparaisons de données provenant des anciens astronomes Grecs. Il constate que le point de départ de l'année a, en 150 ans, rétrogradé d'environ 2 degrés. C'est la découverte de la « précession des équinoxes ». Le zodiaque sidéral, qui prenait pour point de départ une étoile fixe, est alors remplacé par le zodiaque tropique commençant avec le point vernal. On verra plus loin la « théorie des ères » astrologiques moderne issue de ce phénomène.

A la même époque, le géomètre Hypsiclès établit la théorie de l'ascension des signes du zodiaque sous les différentes latitudes et Hipparque améliore ce système en utilisant les calculs trigonométriques — progrès très importants pour la technique d'élaboration des cartes du ciel astrologiques.

Ainsi l'horoscope grec de cette époque est constitué du zodiaque (du grec *zodion* = figurine), des planètes, des 12 maisons, et des aspects géométriques.

Un disciple de Platon, Philippe d'Oponte, avait déjà attribué les noms des dieux aux planètes en précisant que celles-ci « appartenaient » aux divinités. Saturne fut l'étoile de Cronos, Jupiter l'étoile de Zeus, Mars l'étoile d'Arès, Vénus l'étoile d'Aphrodite, Mercure celle d'Hermès. C'est sous l'influence des stoïciens, persuadés par ailleurs de la rigidité du destin, que les planètes sont devenues les divinités elles-mêmes. Selon la mythologie grecque, l'on distinguait les planètes masculines (Mars, Jupiter, Saturne) et féminines (Vénus, Lune). Les dieux Grecs de chaque planète sont à l'origine des signes conventionnels qui sont toujours utilisés par les astrologues pour les représenter dans les cartes du ciel :

Saturne = Cronos = kappa = Κ = ♄
Jupiter = Zeus = dzeta = Ζ = ♃
Mars = Arès = alpha= Α = ♂
Vénus = Phosphore = phi = Φ = ♀
Mercure = Hermès = êta = Η = ☿

Quant au Soleil et à la Lune, ils sont représentés selon les idéogrammes des hiéroglyphes (☉ et ☽).

Le classement des jours est en rapport avec l'astrologie. Ni Egyptiens ni Grecs anciens ne connaissaient la semaine de 7 jours adoptée par contre par les Juifs et les peuples sémitiques. Une semaine planétaire de 7 jours caractéristique de la culture hybride hellénistique est en usage dès le IIe siècle av. J.-C., dans laquelle chaque jour est régi par un dieu planétaire selon le classement : Lune — Mars — Mercure — Jupiter — Vénus — Saturne dont les noms latins donnèrent nos jours (avec des transpositions de dieux équivalents en langue germanique issus du Ier siècle après J.-C.).

C'est à cette époque que sont classés les signes du zodiaque en cardinaux, fixes et mutables. Les maîtrises (œcodespotie) sont bien définies. Les maisons sont instaurées par la division du mouvement diurne du Soleil en 12 étapes à l'image du mouvement annuel suivant les 12 signes du zodiaque.

Les rythmes naturels sont liés à la pratique astrologique[6]. Les 4 maisons angulaires (*kentra*) sont reconnues comme « lever » (*horoscope*), « méridien supérieur » (*mesuranema*), « coucher » (*dysis*) et « méridien inférieur » (*hypogaion*). Le « thème » ou « génésis », c'est-à-dire la représentation du ciel astrologique est figuré de différentes façons. Un cercle est divisé par une croix représentant les 4 angles ; il peut y avoir aussi une grande croix large sans cercle avec les données écrites selon les rayons des maisons[7].

6. On oublie souvent que des fêtes religieuses occidentales sont fixées astralement : notre Pâques est, chaque année, située au premier dimanche après la première pleine Lune suivant l'équinoxe de printemps.

7. Voir O. Neugebauer et H. B. Van Hoesen, *Greek Horoscopes*, Amer. Philos. Soc., Philadelphie, 1959, cité dans [26].

Enfin, des méthodes d'interprétations sont rationalisées et comportent 3 volets, correspondant à l'astrologie dite « horaire », utilisée pour prendre une décision, à l'astrologie généthliaque ou de naissance, et à l'astrologie médicale dont on verra la tradition plus tard, au Moyen Age.

Le « Tétrabiblos » de Ptolémée. — Tout était prêt pour qu'un seul esprit puisse synthétiser l'ensemble des connaissances astrologiques grecques. Ce fut le travail de l'astronome Claude Ptolémée, auteur célèbre de l'*Almageste* qui fut la référence astronomique jusqu'au Moyen âge. Auteur aussi d'une *Géographie* qui fit longtemps autorité. En 140 ap. J.-C., Ptolémée rassemble les connaissances astrologiques en son *Tétrabiblos* (= ouvrage contenant 4 livres) qui devient la « bible » des astrologues [25].

Dans son livre premier, il distingue astronomie et astrologie en précisant que la dernière « n'atteint pas à la même certitude » que la première. Il la considère comme moins « assurée » et moins « parfaite ». Cependant, pour lui, il « se répand une certaine vertu du ciel sur toutes les choses qui environnent la Terre ». Il décrit l'influence du Soleil, de la Lune, des planètes et affirme que l'on peut « juger des humeurs et des tempéraments des hommes par le moyen de la qualité du ciel », tout en reconnaissant la part de la « qualité de la semence » et l'influence des « nourritures et des coutumes ». Voilà donc le ton très évolué d'un savant éclairé, prenant du recul envers une pratique séculaire qu'il veut étudier.

La prévision astrologique est justifiée car « elle affermit l'esprit en sorte que l'attente des choses futures se passe comme si celles-ci étaient déjà présentes, préparation qui nous permet de les recevoir avec sérénité », tout en ajoutant : « Il ne faut pas estimer que toutes les choses arrivent aux hommes par une cause céleste. »

Le livre expose toute la pratique connue : rôle des planètes, leurs caractéres bénéfiques ou maléfiques, distinction entre planète « orientale », qui donc précède la course du Soleil, ou « occidentale », qui la suit ; signes du zodiaque, maîtrises, analyse détaillée du cycle diurne-nocturne et des angles.

Les saisons — celles des pays connus de latitude nord-sont décrites dans la vision du cycle annuel. Bref, la « Doctrine », dit l'auteur, est « raccourcie comme un tableau ».

Dans le livre deuxième, Ptolémée compose une géographie astrologique complète pour son époque. Bien entendu, nos connaissances modernes rendent ce livre là désuet... et amusant... Pour l'auteur, la Terre habitée forme une vaste surface géométrique partagée en 4 triangles rectangles ou « quadrants », recevant chacun le nom d'un point cardinal. Avec des subdivisions, Ptolémée obtient des zones astrologiques en relation avec les signes du zodiaque et les planètes dominantes dont il déduit les caractères « raciaux » des peuples. On ne peut résister à citer quelques fragments du texte évoquant l'effort de globalisation de l'auteur : « Les pays qui, dans le premier quadrant de l'Europe, sont situés au coucher solsticial ont la nature de la Triplicité Bélier-Lion-Sagittaire et sont gouvernés par Jupiter et Mars occidentaux. Ces pays sont la Bretagne, la Belge, la Germanie, l'Italie, la Gaule, l'Espagne... » « Les habitants sont impatients de servir, amateurs de liberté, adonnés aux armes et à la guerre, patients au travail... », « la Bretagne, la Belge et la Germanie ont plus d'affinités avec la nature du Bélier et de Mars, c'est pourquoi dans ces pays les hommes sont souvent cruels et sanguinaires », « l'Italie, la Sicile... ont davantage de rapport avec le Lion et le Soleil, aussi les hommes sont-ils ambitieux de grandeur, bienfaisants et magnanimes » La Grèce est bien située dans l'ouvrage : « Les autres lieux qui restent de ce quadrant tirent vers le milieu de toute la terre : la Thrace, la Macédoine, l'Illyrie, la Grèce, la Crête... » « Ils prennent la Triplicité qui domine au lever d'hiver : Taureau-Vierge-Capricorne, avec les dominantes Vénus, Saturne et Mercure. De ce fait, les hommes sont plus égaux et plus modérés, désireux de commander, généreux, indépendants, amateur de musique et de sciences, épris de liberté, faisant des lois pour eux-mêmes... » « Au second quadrant qui regarde le sud-est, nous trouvons la Grande Asie, l'Indie, la Mède, la Perse, la Babylone, la Mésopotamie, l'Assyrie... sous la Triplicité Taureau-Vierge-Capricorne gouvernés par Saturne et Vénus en position orientale... Ces nations sont chaudes de tempérament et sujettes à l'amour et à la paillardise, adonnées à la danse, aimant les ornements... La Vierge et Mercure gouvernent la Babylone, la Mésopotamie et l'Assyrie : les hommes y excellent en la connaissance des mathématiques et en l'observation des mouvements des cieux... mais l'Indie... (est) sujette au Capricorne et à Saturne, c'est pourquoi ses habitants y sont laids, sales et brutaux... » Le dernier quadrant est la Lybie « ... sous la Triplicité de l'Écrevisse (Cancer), du Scorpion et des Poissons... ce qui fait qu'en ces régions... ce sont des hommes fort chauds qui font abondante consommation de femmes... » et ainsi de suite. Faute d'un intérêt astrologique moderne (le livre 2 est oublié des astrologues), le texte permet d'apprécier en tout cas les vues d'un savant grec à l'égard de ses contemporains.

Le livre troisième traite des « causes particulières » à l'individu et des prédictions généthliaques réalisables. L'importance de la position de l'horizon de naissance est nettement réaffirmée, avec la réserve judicieuse que « le seul astrolabe peut enseigner la minute de naissance », les autres instruments sont dits « souvent trompeurs ». Ptolémée pose la question de l'action des cieux sur la conception et avance une idée fort audacieuse puisqu'elle devra attendre notre époque pour être partiellement reprise (voir les travaux de Gauquelin, chapitre 5) : « Après que le fruit (embryon) est parfait, écrit-il, la nature le meut afin qu'il sorte du ventre (de la mère) en une telle position du ciel qui réponde à cette constitution première où il était au temps de la conception. » C'est déjà, magistralement ressenti, le problème de l'hérédité et du déterminisme astral.

Mention est faite dans ce livre de l'utilisation de la « part de fortune » ou « nombre de degrés qui sont depuis le Soleil jusqu'à la Lune à partir de l'ascendant », des « directions primaires et secondaires » ainsi que des révolutions solaires comme méthodes de prévision (voir chapitre I). Les conceptions grecques classiques depuis Empédocle, Aristote et Hippocrate sont rassemblées pour une analyse du « tempérament et de la constitution physique ». Les maladies sont aussi traitées d'un point de vue astrologique : elles arrivent lorsque les « maléfiques... sont occidentaux au Soleil et orientaux à la Lune ». Quant au caractère, « qualités de l'âme », Ptolémée y consacre une partie importante de son texte, préfigurant les analyses psychologiques modernes.

Le livre quatrième enfin, traite de différents points complémentaires, tels que richesse, profession, mariage, enfants, voyages etc. Mention doit être faite, parmi eux, de la première théorie des âges. Selon l'auteur, « en tous les hommes, il y a une naturelle conjecture universelle, laquelle commence par le premier âge et par l'orbite qui nous est la plus voisine (à savoir celle de la Lune) et finit au dernier âge et à la plus haute orbite, c'est-à-dire à celle de Saturne.

CHAPITRE III

DE L'EXPANSION ANTIQUE A LA RÉVOLUTION COPERNICIENNE

En même temps que Ptolémée à Alexandrie donnait avec son *Tétrabiblos* un tour quasiment universel à l'astrologie — technique vieille dejà de quelques 8 siècles — l'empire romain, le monde arabe et l'occident européen en étaient pénétrés.

Jusqu'à la révolution copernicienne qui marque une étape décisive en révisant le géocentrisme unanime, il vaut la peine d'examiner son aventure occidentale pendant ces 15 siècles si riches en événements historiques [1, 26, 32 à 35].

I. — Rome

Il semble que les Romains, de nature tolérante, se soient dans l'ensemble peu opposés à la pénétration de nombreuses religions et doctrines astrales orientales. Beaucoup de croyances eurent droit de cité. Chez ce peuple, à l'origine constitué de paysans et de soldats, plus intéressés par la politique que par les sciences, l'astrologie prend pourtant pied en même temps que pénètrent les civilisations orientales, sans qu'en soient modifiés ses fondements. Elle va y connaître des aléas, des adversaires et des défenseurs en liaison souvent avec l'intense vie politique de l'Empire, en relation aussi avec le christianisme naissant. Puis, lié à celui du paganisme gréco-romain, un déclin s'amorce avant la chute de l'Empire.

Cicéron (106-43 av. J.-C.) aborde l'astrologie dans plusieurs de ses écrits *(De la nature des dieux, De la divination, Du destin)*. L'un de ses amis intimes est l'astrologue Nigidius Figulus qui connaissait bien les traités d'astrologie gréco-égyptiens. Un autre savant astrologue, Fonteius Capito, écrit à la même époque des traités d'astro-météorologie. L'astrologie est en période montante. Elle semble triompher entre 30 et 100 après J.-C. et va jouer un rôle politique. La noblesse de Rome croit en la toute puissance des astres. La politique des Césars est influencée par les conseils des astrologues. Auguste fait frapper une monnaie à l'effigie du Capricorne qui serait le signe de son Soleil natal. Sa croyance dans l'influence des astres est renforcée par l'entrée à la cour impériale du célèbre astrologue Thrasylle, lequel reste ensuite attaché à Tibère. Dans toute la société romaine, l'astrologie est à la mode, comme l'attestent les nombreux bijoux et décorations murales évoquant les signes astraux individuels. De nombreuses anecdotes nous viennent des écrits de l'historien Suétone. Virgile, Ovide, Horace sont familiers des astres. Dans *Ibis*, Ovide décrit avec précision l'horoscope d'un ennemi. Pendant le règne d'Auguste, Manilius compose les *Astronomiques*, long poème astrologique dédié à l'empereur où il reprend l'essentiel des techniques hellénistiques[1]. L'atmosphère y est celle d'un fatalisme illustré par le vers d'essence stoïcienne : « Fata regunt orbem, cesta stant omnia lege »[2].

Avec le règne de Tibère commence à Rome une longue histoire d'expulsions et de retours (ou de non départs) des « Chaldéens » — ainsi nomme-t-on les astrologues parmi lesquels existe alors un nombre certainement grand de charlatans. Caligula punit un astrologue qui répand une prédiction défavorable à son sujet mais fait consulter son horoscope quand des

1. voir J.-H. Abry, L'astrologie à Rome : les « Astronomiques » de Manilius, *Revue d'Etudes antiques de Toulouse*, 1983, 30, 49-61.

2. « Le destin gouverne le monde, l'univers est régi par une loi inflexible. »

menaces l'affectent. On peut citer sous son règne l'un des plus célèbres astrologues de Rome : Dorothée de Sidon, auteur d'un traité connu mais perdu. L'empereur suivant, Claude, garde à son service le fils de Thrasylle, Balbillus, lui aussi astrologue, tout en reprenant une mesure d'expulsion de tous les « chaldéens » d'Italie. Balbillus devient par la suite précepteur de Néron avec Sénèque. Il semble que Balbillus ait été un précurseur de Ptolémée dans la technique des prédictions par les directions primaires.

Le fatalisme astral est à la mode. Cependant, des adversaires existent et se manifestent dans le bouillonnement politique et social de l'époque. Pline l'Ancien, par exemple, rejette la croyance en l'influence des astres sur l'individu mais est convaincu de leur action générale sur les choses physiques. C'est la position éclairée d'un penseur. D'autres sont plus acharnés, tel l'empereur Domitien qui en veut aux « chaldéens » et les poursuit parce que l'un d'eux lui a prédit dans sa jeunesse une mort prématurée et violente.

A côté d'une astrologie populaire qui fourmille de gens avides utilisant la crédulité générale, existe une astrologie savante, particulièrement entre les règnes de Néron (54 apr. J.-C.) et de Dioclétien (284-305). Sous le règne des empereurs Hadrien[3], Antonin et Marc-Aurèle (117-180), la vie intellectuelle de Rome se développe et est fort influencée par l'hellénisme. De nombreux traités d'astrologie sont rédigés en grec. Le philosophe Plotin (205-270) rejette l'astrologie populaire et le fatalisme astral. Il écrit « Les astres ont-ils une influence ? », et admet que ceux-ci sont des entités divines, ne pouvant cependant faire ni bien ni mal.

L'astrologie à Rome prend ainsi de multiples visages mais il est intéressant de constater qu'elle entre, en quelque sorte, dans la « vie moderne » parce qu'elle trouve ses premiers adversaires déclarés, qu'elle s'ouvre là pour la première fois aux femmes (la

3. Hadrien connaissait bien l'astrologie. Lorsque son favori Antinoüs se noya dans le Nil, il crut le reconnaître dans une étoile et Ptolémée par la suite donna son nom à une constellation.

poétesse astrologue Julia Balbilla, nièce de Balbillus, fait partie des cercles de savants amis d'Hadrien) et qu'elle « s'institutionnalise » (des empereurs ont leurs astrologues comme plus tard, on le verra, des rois de France). Mais pratiquement partout, astrologie est synonyme de prédiction : il y a oubli total du thème de l'influence des astres sur les caractéristiques des individus pourtant bien décrite par Ptolémée.

II. — Les débuts du christianisme

En même temps que le peuple juif s'oppose au culte des empereurs de Rome, il résiste avec force à l'astrologie. Il est évident que le fatalisme astral d'essence stoïcienne est en contradiction avec les dogmes de rédemption et de toute-puissance divine. L'astrologie a donc été combattue par l'apôtre Paul et les Pères de l'Eglise. Ce qui ne veut pas dire que l'astrologie antique ait été sans influence sur les débuts de l'histoire chrétienne : on en a un exemple net avec les Esséniens.

Très curieuse est la découverte de vestiges astrologiques dans les manuscrits de la mer Morte. Tout en gardant la Loi et les Prophètes, il semble bien que les Esséniens aient adopté des techniques astrologiques pour déterminer l'essence spirituelle de chaque individu, la « quantité de lumière et de ténèbres » et sans doute la qualité des postulants à la secte. On cite le cas d'un manuscrit nettement astrologique montrant la croyance à la détermination de la destinée d'un homme par les astres du jour de sa naissance[4].

Certains auteurs rapportent évidemment l'étoile des Mages, le nombre 12 des apôtres, les 7 péchés capitaux, l'ascension au ciel, entre autres, aux traditions astrologiques.

Pour les Pères de l'Eglise, les dieux planétaires, Mars, Jupiter ou Saturne, sont des démons ou des

4. M.-R. Lehmann, New light on astrology in Qumran and the Talmud, *Revue de Qumran*, FRA, 1975, 8, 4, 599-602. Il s'agit du manuscrit 4 Q 186.

diables et l'astrologie est d'essence païenne. On cite cependant les avis d'Origène (185-254), un important Père de l'Eglise, pour qui les astres ne pouvaient rien produire par eux-mêmes mais pouvaient indiquer ce qui, pour Dieu, était anticipé. L'adage souvent cité « astro inclinant, non necessitant » (les astres inclinent, ils n'obligent pas), date des premiers temps du christianisme. Il y donc là soit opposition, soit tentative de conciliation. On verra combien cette dualité se propage loin.

Le plus célèbre des Pères de l'Eglise, saint Augustin (354-430), reconnaît dans ses *Confessions* s'être adonné dans sa jeunesse à l'astrologie, mais « avec l'aide de la grâce divine » il a « reconnu et rejeté les prédictions mensongères et les sottises impies des astrologues ». Même attitude dans *La Cité de Dieu*, son grand ouvrage philosophique. Mais il se fait paradoxalement le champion de la doctrine de la prédestination (l'homme est prédestiné à la félicité ou à la damnation éternelles quels que soient ses mérites). Pour la première fois en 381, le Concile de Laodicée interdit aux ecclésiastiques de s'intéresser à l'astrologie — interdiction réitérée par deux conciles suivants —, ce qui prouve très probablement qu'il fut difficile d'extirper l'astrologie des mœurs des chrétiens. Beaucoup de textes ont d'ailleurs été perdus alors du fait des autodafés organisés souvent par les autorités religieuses.

Après le partage de l'empire romain en oriental et occidental (395), des mesures plus ou moins dures sont prises contre les astrologues qui sont pourchassés et vont finalement se réfugier en Perse où des centres culturels nouveaux conservent l'esprit grec et sont à l'origine d'un contact avec d'autres peuples et d'autres civilisations, parmi eux les Arabes.

III. — L'astrologie arabe

L'astrologie s'est répandue largement chez les Perses, Syriens, Arabes et Turcs et va suivre la conquête musulmane. Son histoire la plus intéressante couvre 8 siècles à partir du VIIIe siècle apr. J.-C. correspondant à la période islamique. Elle prend le nom de *El hakam el noud'joun* ou « jugement des étoiles ».

Bien que la vocation de Mahomet ait été d'éliminer de la foi les superstitions astrales et les pensées judéo-chrétiennes, le Coran ne contient pas d'interdiction formulée de l'astrologie. Les astres sont considérés par le mahométan comme des signes de la volonté de Dieu mais les prédictions ne doivent pas avoir de caractère fatidique. Ainsi, de nombreux califes ont à leur service un astrologue.

On connait le développement de l'astronomie arabe ; elle favorisa un certain nombre de progrès astrologiques. Les principaux éléments techniques de l'horoscope natal arabe sont de nature hellénistique mais le système des « parts », décrit selon une seule formule par Ptolémée (part de fortune) est particulièrement développé chez les Arabes, en particulier chez Albumasar (Abu Mas'har al Balkhi) qui en instaure de nombreuses autres. Elles sont à peu près tombées dans l'oubli aujourd'hui malgré les efforts de certains pour les redécouvrir [22].

Mathématiquement, les savants arabes ont apporté plusieurs contributions importantes à la technique horoscopique. Tout d'abord la détermination algébrique exacte des maisons intermédiaires (tandis que Ptolémée avait bien défini les 4 angles). De plus, ils construisirent des astrolabes nouveaux permettant de lire directement les pointes des maisons. En second lieu, ils réalisèrent le calcul de la date des événements célestes grâce à l'arc équatorial parcouru selon le mouvement diurne apparent d'une planète (rotation du globe terrestre).

Les Arabes pratiquent ainsi avec précision l'astrologie généthliaque et l'astrologie horaire d'étude des aspects momentanés d'un ciel. Mais ils introduisent une technique nouvelle dont on verra les répercussionsen Occident : celle de l'astrologie « magique ». Le principe en est de combiner l'influence d'une planète avec des métaux ou les signes qui leur correspondent desquels résulte pour eux une « force sidérale » accrue. D'où la pratique des amulettes et autres talismans (du grec *télesma*), dont on trouve, dit-on, la description dans le *Picatrix*, ouvrage de magie arabe qui a influencé notre Moyen âge.

Les relations entre le monde islamique, occidental et juif est d'une complexité telle qu'elles ne peuvent être exposées ici : une importante thèse a été consacrée à l'étude du « monde juif et l'astrologie » par J. Halbronn [34] où est suivi un phénomène d'hébraïsation de l'astrologie par les philosophes juifs espagnols autour du XIIe siècle (Ibn Azra = Abu Ezra, Avenarius en latin, auteur d'une encyclopédie astrologique écrite à Beziers dans la première moitié de ce siècle).

Bien entendu pendant toute cette période, l'astrologie eut ses adversaires. Parmi eux le célèbre médecin alchimiste et philosophe Avicenne (Abû Ali Al-Hosein Ibn Sînâ) fut des plus sévère ; il évoquait le Coran, « Dieu seul connaît l'avenir », pour condamner l'astrologie. Ibn Khaldoun, au XIVe siècle, rassemble ses connaissances dans son ouvrage *De l'horoscope* et affirme que l'astrologie est fausse.

Lorsque enfin, avec le déclin de la grande expansion islamique, l'astrologie arabe n'est plus soutenue par des savants, comme partout elle devient une divination populaire plus ou moins imprégnée de magie.

IV. — Le Moyen âge

Après la chute définitive de l'empire romain d'occident (455), une période de 5 siècles s'écoule, qualifiée de « haut Moyen âge ». La tradition astrologique se maintient en filigrane. Puis, précédant la période de renouveau marquée par les grands savants Galilée, Copernic et Kepler, au Moyen âge apparaît un net épanouissement astrologique.

Le haut moyen-âge. — Au cours de cette période intermédiaire, l'occident n'ignore pas les œuvres des anciens. Boèce traduit en latin de nombreux ouvrages dont ceux de Ptolémée. Isidore de Séville (560-636) rédige une volumineuse encyclopédie, les *Etymologiques*, où il range l'astrologie parmi les superstitions païennes tout en considérant qu'elle peut être pratiquée. Charlemagne s'intéresse beaucoup à l'astronomie et à la chronologie. Les écoles monastiques fleurissent. Dans certains « composts » — manuels de données variées courantes — sont intégrées des chroniques astrologiques (par exemple la compost de l'abbé de Saint-Gall).

On ne peut donc pas dire que l'astrologie ait été complètement occultée à cette époque. En effet, avant le grand contact qui va suivre avec la culture gréco-arabe, l'occident chrétien conserve une tradition astrologique dite « latine » par Thorndike[5], fondée sur des traductions de textes Grecs d'astrologie populaire.

Renaissance de l'astrologie au Moyen âge. — Le XIIe siècle est marqué par une nouvelle soif de savoir. Les grandes œuvres de l'Antiquité n'étaient plus connues que sporadiquement, voire perdues, pendant les grandes invasions et les temps mérovingiens. On voulait connaître ces œuvres : on les trouve dans les bibliothèques des grandes villes musulmanes d'alors et des équipes de traducteurs travaillent principalement à Palerme (Sicile) et Tolède (Espagne). (Conquête de Tolède par les Arabes : 711-713, reconquise par l'Occident en 1085 ; les Arabes restent présents en Europe jusqu'à la chute de Grenade en 1492.)

Aristote, Euclide, Ptolémée, Hippocrate, Galien et bien d'autres, ainsi que les savants musulmans sont redécouverts ou découverts. Le livre devient un instrument de travail, de format réduit, non illustré et la plume d'oie remplace le roseau.

A Tolède travaillent Jean d'Espagne, Gérard de Crémone, Platon de Tivoli, Robert de Chester, Her-

5. L. Thornddike, *A history of magic and experimental science during the first 13 centuries of our era*, New York, 1923, Cité dans Knappich [26].

mann le Dalmate, qui, sous la bénédiction d'un archevêque — seul l'Eglise est instruite —, traduisent de nombreux ouvrages d'astrologie.

Saint Albert le Grand en Allemagne (1193-1280 (dominicain de Cologne) considère que les événements sur terre sont provoqués par le mouvement des corps célestes, mais non le destin individuel de l'homme capable de libre-arbitre. Ainsi comprise, l'astrologie est pour lui compatible avec le christianisme. De plus pour lui, l'astrologie conduit les pensées de l'homme vers Dieu et les astres ne sont que les instruments physiques de la volonté divine. Cette conception sera celle que l'Eglise adoptera assez longtemps. Elle était déjà présente chez Pierre Abélard [1079-1142] pour qui l'astrologie peut prédire les *naturalia* relatives aux phénomènes naturels, concernant aussi bien l'agriculture que la médecine.

Dans son œuvre la *Somme théologique*, l'Italien Saint Thomas d'Aquin, élève de Saint Albert le Grand, également dominicain (1225-1274), a étudié lui aussi la question du libre-arbitre — problème fondamental de l'astrologie face au christianisme. Ses positions ont fait l'objet d'une étude détaillée par P. Choisnard [33].

La doctrine thomiste affirme que « le premier moteur dans l'ordre des choses corporelles est le corps céleste », « les astres sont la cause de tout ce qui se passe dans les corps inférieurs », « les influences des astres sont diversement reçues dans les corps inférieurs selon les diverses dispositions de la matière », « les astres... n'exercent qu'une influence indirecte et accidentelle sur les puissances de l'âme », « les astres ne sauraient être immédiatement, par eux-mêmes, la cause des opérations du libre-arbitre », « l'homme peut toujours agir, sous l'empire de la raison, contre l'inclination produite par les corps célestes ». Par contre, « chercher à prévoir avec certitude les futurs fortuits et les futurs libres, c'est une divination superstitieuse et défendue ».

Le franciscain Anglais Roger Bacon (1214-1294), contrairement aux précédents, connaît l'hébreu, le grec et l'arabe, il lit les anciens dans le texte original. L'*Opus majus* est son ouvrage principal. Pour ce *doctor mirabilis* (docteur admirable) considéré comme un des grands savants naturalistes de son temps, l'alchimie, l'astrologie et la magie sont les trois éléments de base des sciences « naturelles ». Pour lui, aucune astrologie savante ne professe le fatalisme lequel est réservé aux ignorants et aux amateurs. L'individu peut, par la force de sa volonté, résister à l'influence réelle des astres.

De 1450 à 1650 une grande astrologie savante s'épanouit[6]. Chaque souverain, chaque prince possède à sa cour un ou plusieurs astrologues, tous médecins, souvent aussi ambassadeurs et conseillers. L'art de faire des calculs leur confère un réel prestige. L'astrologie est omniprésente et connaît une large diffusion. Elle prend part à la vie publique et sociale. Charles V a six astrologues. Charles VI, Louis XI, l'empereur Frédéric III, le roi de Hongrie, tous utilisent l'astrologie et parfois l'apprennent eux-mêmes. La cour des papes (Innocent VIII, Paul II), ainsi que beaucoup de dignitaires de l'Eglise s'ouvrent grandement à ses techniques (1520 : il existe une chaire d'astrologie à l'Université papale).

Durant toute cette époque, l'astrologie est enseignée en même temps que la médecine (on se souvient que les « universités » se constituent à Paris, Montpellier, Bologne, Oxford, etc., à partir du XIIIe siècle). Dans l'esprit de l'époque, la science des astres forme un tout : *scientia motus* est la science des mouvements des astres = astronomie, et *scientia judiciorum* la science des jugements = astrologie.

Les « nativités » — ainsi nomme-t-on les cartes du ciel de naissance — sont calculées de façon très exacte et analysées en détail. On se refère, par exemple, à

6. Une excellente étude très fouillée concerne la fin du Moyen Age. Elle est rédigée par un ancien élève de l'Ecole des Chartes, conservateur à la Bibliothèque nationale, M. Preaud, lequel affirme avoir réalisé une étude « sur les astrologues et non sur l'astrologie » ; « on n'attendra pas de nous ni une apologie de l'astrologie, ni une attaque », précise-t-il [32].

celle de Jean de la Goutte réalisée en 1469 par l'astrologue Conrad Heingarter pour le 12 août 1418 à 8 h du soir. Le texte d'analyse en est réparti en 15 chapitres, touchant notamment la complexion, la famille, l'intellect, la fortune, les honneurs, le métier, le mariage, les enfants, les ennemis et amis, les voyages, la mort. Bien évidemment ne pouvaient bénéficier d'un tel travail que les personnes très aisées. C. Heingarter et Simon de Phares sont au service du duc de Bourbon, leur protecteur.

Beaucoup de données de cette époque se trouvent dans les écrits de S. de Phares, *Recueil des plus célèbres astrologues et quelques hommes doctes.*

De nombreuses techniques de détail sont alors inventées ou perfectionnées un peu partout au gré des observations et des intuitions des auteurs. Elles se rapportent, entre autres, aux conjonctions de planètes, aux comètes, aux éclipses (l'une ayant duré 3 h 20 minutes, cela signifie que ses effets dureront 3 mois et 20 jours), aux « parts » (le calcul d'une « part du vin » est signalée à Lyon...). Les techniques des prévisions sont celles amorcées par Ptolémée et les Grecs de l'époque hellénistique, mais leur emploi se précise : les progressions (directions secondaires) et les révolutions solaires qui semblent être, un peu plus tard, d'usage courant grâce aux éphémérides imprimées.

La contribution de l'astrologie à la médecine d'alors est grande. C'est une évidence pour un homme du moyen-âge, car on peut ainsi connaître la complexion du sujet et l'on déconseille à quiconque de s'en remettre aux soins d'un médecin qui ignore les lois de l'astrologie car un tel médecin est déclaré « incomplet » *(imperfectus)*. L'étude des positions de la Lune est particulièrement développée pour choisir les moments propices aux traitements (saignées, laxatifs) ou les éviter au moment des aspects aux « maléfiques » Saturne et Mars.

Bien entendu, la très ancienne contradiction avec les positions de l'Eglise susbiste bien que certains dignitaires, tel le cardinal universitaire Pierre d'Ailly, ten-

tent une conciliation. Aussi beaucoup de textes astrologiques commencent-ils avec « L'homme sage domine les astres » de Ptolémée, ou se terminent par « Il en sera ainsi si telle est la volonté de Dieu. »

A un niveau généralement populaire, l'astrologie « magique » d'origine arabe pénètre en occident. La pratique des amulettes astrologiques à but médical est répandue aussi bien parmi les charlatans que chez les médecins universitaires établis. Un métal — or, argent, cuivre ou plomb — est fondu au moment précis où le Soleil entre dans le signe zodiacal concerné par la zone malade (par exemple le Bélier pour la tête, le Lion pour les reins, etc...). La médaille obtenue comporte une inscription et peut même être bénie par un prêtre le jour des Rameaux. Envers ces pratiques, les discussions, les procès et même les chasses aux sorcières seront plus fréquents aux XVIe et XVIIe siècles.

V. — L'imprimerie et l'héliocentrisme : du XVe au XVIIe siècle

L'imprimerie apparaît (1453) avec Gutenberg et se répand en Occident. L'astrologie en bénéficie grandement par l'apparition d'éphémérides qui vont donner à beaucoup la possibilité de dresser des horoscopes sans calculs.

Campanus, traducteur au XIIIe siècle de la géométrie d'Euclide, avait déjà tenté de recalculer les maisons astrologiques. Au XVe siècle, Régiomontanus (1436-1475) de son vrai nom Johann Müller de Königsberg, calcule des tables de directions pour l'archevêque de Grass en Hongrie. Puis il se fixe à Nüremberg où il installe un observatoire et une imprimerie. Il publie le premier calendrier astrologique et les premières éphémérides imprimées qui sont suivies de beaucoup d'autres (on affirme que Christophe Colomb et Vasco de Gama les emportent dans leurs voyages).

L'Italien bénédictin Placidus de Titis (1603-1668), autre grand calculateur marquant de cette époque, mathématicien et physicien, enseigne à l'Université de Pavie. Il considère que les 12 maisons astrologiques ne sont pas des constructions géométriques mais des zones d'influence réelle dans le mouvement diurne du Soleil. Il décide donc d'adopter une domification naturelle de 12 maisons correspondant chacune à 2 heures temporelles. C'est encore là la méthode la plus généralement utilisée aujourd'hui dans nos éphémérides.

Dans son ensemble, la Renaissance est favorable à l'astrologie puisqu'elle s'appuie sur un retour aux sources antiques. La Réforme ne marque guère mais les historiens possèdent des traces d'une astrologie protestante en Allemagne (l'horoscope de Luther a été trouvé).

Une preuve peut être donnée quant à son maintien tardif dans les mœurs Anglaises : l'observatoire de Greenwich est fondé en 1675 par l'astronome royal J. Flamstead. On dresse la carte du ciel de la pose de la première pierre qui eut lieu le 16 mai à 15 h 14. L'horoscope est, dit-on, tracé de la main même de Flamstead et conservé dans les archives de l'observatoire avec la mention griffonnée « Risum, teneatis amici » (gardez-vous de rire, amis).

C'est pourtant en Europe la fin de ce nouvel âge d'or de l'astrologie qui a duré plusieurs siècles.

En même temps que le savoir humain s'élargit de façon considérable du fait des voyages de grandes découvertes (XVIe siècle) et du bond scientifique prodigieux (XVIIe siècle) dans tous les domaines des sciences de la nature, on assiste à un rapide déclin de la pratique astrologique.

D'une part, l'esprit se détourne de pratiques non démontrées et avec la Contre-Réforme, la pression de l'Eglise se fait plus stricte et plus forte. D'autre part, l'affirmation de l'héliocentrisme amène les derniers grands astrologues à prendre des positions archaïques en défendant les anciennes théories.

En effet, Copernic (1473-1543) démontre pour la première fois le double mouvement des planètes, y compris la Terre, sur elles-mêmes et autour du Soleil. Puis Galilée (1564-1642), mathématicien et astronome, rallié au système de Copernic, est condamné par l'Eglise pour laquelle la théorie est hérétique.

Tycho-Brahé (1546-1601) défend un système intermédiaire selon lequel la Terre est immobile, le Soleil tournant autour et les 5 planètes évoluant autour du Soleil. Il transmet ses observations à son disciple Kepler. Celui-ci formule les trois lois qui décrivent le mouvement des planètes autour du Soleil. Connaissant bien l'astrologie comme tous les astronomes de l'époque et la pratiquant avec conviction, il affirme que la nouvelle conception ne la concerne pas [35]. « Il suffit que l'astrologue voie comment les rayons viennent de l'Orient, du Midi ou de l'Occident et disparaissent, il suffit que l'on sache si deux planètes sont conjointes, opposées... ce que les bons astronomes peuvent montrer de nuit avec leurs instruments », écrit-il . « Est-ce que l'astrologue demande comment cela se fait ? En vérité, il ne le fait pas plus que le paysan ne demande comment se forme l'été ou l'hiver, et pourtant il se règle sur les saisons »[7].

Képler situe ainsi pour la première fois l'astrologie dans les conceptions scientifiques nouvelles : elle reste résolument géocentrique comme elle l'est encore de nos jours, et ce, sur la base d'une expérience terrestre affirmée annonçant déjà des vues modernes récentes (voir chapitre V).

Par contre, le célèbre astrologue Morin de Villefranche s'en tient à l'ancienne conception du monde. Médecin et mathématicien, J.-B. Morin, né à Villefranche-sur-Saône (1583-1650), est l'astrologue du duc de Luxembourg puis, en 1630, il devient professeur de mathématique au Collège de France. L'œuvre de sa vie, le volumineux *Astrologica gallica* (La Haye 1661), réalise un bilan complet de l'astrologie de l'époque avec des conceptions particulières à l'auteur, tel ce *primum mobile* qu'il définit comme le lieu d'où

7. Dans *Opera omnia*, cité dans [26].

émanent les forces sidérales qui influencent les corps terrestres, lié donc à l'ancien système des sphères célestes. Son collègue au Collège de France, P. Gassendi (1592-1655), mathématicien lui aussi, l'attaque facilement en affirmant que le système de Copernic est le meilleur (tout en se ralliant à celui de Tycho-Brahé comme compromis acceptable par l'Eglise).

L'astrologie perd tout crédit dans les milieux scientifiques. Le *Discours de la méthode* de Descartes est paru en 1637. L'astrologie est désormais condamnée d'un côté par l'Eglise et de l'autre par les nouvelles sciences. Elle n'est pratiquement plus enseignée dans les universités. Finalement Colbert l'interdit en France en 1660.

Chapitre IV

DU SIÈCLE DES LUMIÈRES À L'ÉPOQUE MODERNE : DÉCLIN ET RENOUVEAU

Le déclin de l'astrologie en Occident était désormais amorcé avec les grandes découvertes des XVIe — XVIIe siècles et l'opposition de l'Eglise. Au XVIIIe, le siècle des Lumières, elle est au bord du naufrage face à une offensive rationaliste. Aussi le XIXe siècle voit-il l'astrologie oubliée. Parfois, elle survit faiblement, de façons différentes selon les pays.

Le XXe siècle voit une étonnante réapparition de l'astrologie. Ainsi, dans le double mouvement de cette histoire moderne, c'est encore là une curieuse évolution que nous allons suivre [26, 36[1], 37, 38].

I. — Le siècle des Lumières

« L'astrologie, dit l'*Encyclopédie* de Diderot [38], (p. 780], est l'art de prédire des événements futurs par les aspects, les positions et les influences des corps célestes. » On voit tout de suite que dans l'esprit de l'époque l'astrologie est limitée à son aspect prévisionnel. Nulle mention n'y est faite quant à son influence sur les caractères. L'article long de trois pages, campe

1. Le livre de E. Howe, extrêmement documenté, paraît en Grande-Bretagne en 1967 et concerne tout le XIXe siècle. « Comme je ne saurais "expliquer" l'astrologie, dit l'auteur, je me suis abstenu de l'attaquer ou de la défendre. »

bien l'attitude d'alors : le texte réfute tout. Il parle de « l'art prétendu d'annoncer les événements moraux avant qu'ils n'arrivent : j'entends événements moraux ceux qui dépendent de la volonté et des actions libres de l'Homme, comme si les astres avaient quelque autorité sur lui et qu'il en fût dirigé », affirmant ainsi clairement la liberté d'action de l'individu. Evoquant les périodes où l'astrologie jouait un rôle officiel, l'auteur écrit : « Nous avons été infestés de la même superstition dans ces derniers siècles. » « Vous faites passer un million de mensonges malheureux à la faveur de sept ou huit autres qui vous ont réussi », dit-il aux astrologues, puis : « Aujourd'hui le nom d'astrologue est devenu si ridicule, qu'à peine le bas peuple ajoute-t-il quelque foi aux prédictions des almanachs. »

A côté de ces fustigeants passages, très caractéristiques de l'époque, on trouve des réfutations d'ordre rationnel. En premier lieu, celui de la précision de l'heure de naissance, admise comme importante. « Vous croyez peut-être que le premier soin des sages-femmes est de consulter à la naissance d'un enfant toutes les horloges ? Combien y en a-t-il qui négligent de le faire, étant au-dessus de pareilles superstitions. D'ailleurs, les cadrans sont-ils toujours suffisamment exacts ? » Ensuite un argument important est avancé concernant les morts en grand nombre dues à des guerres ou des catastrophes : « ceux qui périssent dans une même bataille sont-ils nés sous une même constellation ? » Enfin, apparaît ici le début de questions rationelles sur le déterminisme physique de l'influence des astres : « dans quelle partie du ciel se sera conservée cette première puissance, qui ne doit paraître et jouer, pour ainsi dire, son rôle que plusieurs années après, comme lorsque l'enfant aura quarante ans ? Et l'auteur conclut « De croire... que le destin, qui ne doit avoir son effet que quand cet enfant sera parvenu à un âge plus avancé... c'est une impertinente rêverie. »

Pourtant l'article constate encore que « quoique

l'astrologie ait été solidement combattue... on ne peut pas dire qu'ils (les auteurs) aient entièrement déraciné cette ridicule prévention », puis « quand un préjugé est général, les meilleurs esprits ne peuvent empêcher de lui sacrifier... »

En somme, au siècle des Lumières, la raison est toute puissante, elle peut libérer l'homme de ses superstitions, dont l'astrologie. La vie intellectuelle est basée sur le progrès des sciences.

Un événement grave pour l'astrologie à cette époque : la suppression, à partir de 1710, de l'impression des éphémérides et tables qui, depuis la découverte de l'imprimerie, permettaient aux astrologues un travail aisé leur évitant de nombreux et difficiles calculs. Les annuaires astronomiques, indiquant les positions planétaires en ascension droite et en déclinaison — coordonnées équatoriales — ne sont pas directement utilisables par des astrologues. Pour convertir ces données en coordonnées écliptiques (longitude, latitude) seules utilisables en astrologie, il faut réaliser un travail de calculs approprié. Dresser une carte du ciel exacte et précise devient alors une démarche réservée aux savants. Mais les savants de l'époque se détournent totalement, on l'a vu, de l'astrologie qu'ils méprisent. Il ne subsiste donc qu'une vague astrologie d'almanachs paysans et de charlatans. Privée de sa base objective et de l'appui des scientifiques, l'astrologie commence alors sa « traversée du désert » avec une assimilation à toutes sortes d'ésotérismes, kabbale, chiromancie, géomancie et autres arts occultes.

Frédéric II, souverain de Prusse éclairé et élève de Voltaire, veut aller jusqu'à interdire les prédictions dans les calendriers populaires, mais des protestations l'en empêchent, tandis que Marie-Thérèse d'Autriche n'hésite pas à prendre cette mesure. Certaines bibliothèques d'Etat sont expurgées comme celle de Darmstadt où tous les écrits « de métaphysique, d'alchimie, de chiromancie et autres sottises » sont retirés.

On voit alors curieusement des sociétés secrètes accueillir les courants occultes persécutés, en réaction au rationalisme triomphant. Citons les Rose-Croix et les Francs-Maçons. L'astrologie n'y est pas pratiquée, mais, semble-t-il, conservée symboliquement au sein de doctrines philosophiques comme l'atteste l'ouvrage *Figures secrètes des Rose-Croix des XVI et XVIIe siècles* publié à Hambourg en 1789 ainsi que l'*Opus mago-cabbalisticum et theosophicum* de G. Welling, 1735, réédité en 1760 et 1785. L'astrologie y est présentée comme une science louable, fondée sur la nature. Ces ouvrages hermétiques ont été redécouverts et étudiés par Gœthe qui, en 1811, rédige ses Mémoires *Dichtung und Wahrheit (Poésie et vérité)* en commençant son récit par le commentaire de son horoscope personnel. A cet égard, il est significatif de considérer le texte d'une lettre de Goethe à Schiller datée du 8 décembre 1798 (citée dans [26] p. 248) : le romantisme allemand y est annoncé avec ses aspirations vers la nature et le cosmos. L'astrologie n'en est pas pour autant sauvée de l'oubli général.

II. — Evolution particulière de l'astrologie en Grande-Bretagne

La Grande-Bretagne est le seul pays occidental où la rupture du XVIIIe siècle ne s'est pas produite, du moins avec la même intensité que sur le continent. L'intérêt pour l'astrologie baisse, mais une série ininterrompue de publications et d'activités témoignent d'une ligne continue entre le XVIIe siècle et l'époque moderne. Cet intéressante et unique situation mérite notre attention ; on en verra les conséquences jusqu'à nos jours.

Les astrologues Anglais ont perduré, n'ayant pas de préjugés idéologiques ni de désirs de justifications théoriques. La dominance de l'empirisme dans les esprits et probablement aussi la stabilité sociale et politique semblent expliquer cette surprenante continuité.

Déjà, pendant la seconde moitié du XVIIe siècle, Londres publie plus de manuels d'astrologie et d'éphémérides que tous les pays européens réunis. Malgré un certain déclin dans les premières décennies du XVIIIe siècle, les Anglais cultivés continuent à pratiquer l'astrologie. Le grand public croit toujours que les astrologues peuvent prédire l'avenir, croyance soutenue par des almanachs publiés par la « Stationers' Company », fort ancienne corporation médiévale qui prospère toujours dans la City de Londres. Des almanachs et éphémérides de large diffusion sont rédigés par des astrologues connus tels William Lilly, John Gadburry, William Andrews, John Partridge et d'autres. Le célèbre almanach *Vox Stellarum* de Francis Moore (1657-1715) fut publié jusqu'en I896 (le copyright vendu en 1927). On cite des chiffres de parution fort élevés : 107 000 en 1768, 393 000 en 1808, 560 000 en 1839. Il est orienté vers le grand public et ne contient aucune indication pour la formation astrologique. On peut évoquer ici trois études au moins publiées sur Napoléon (1805 et 1814). Personne ne connaissant son heure de naissance, on utilisa le principe des « rectifications » : les auteurs s'accordèrent pour une naissance située le matin mais avec des heures différentes.

En 1827, un nouvel almanach de prédictions, *The prophetic Messenger*, est publié par Smith et vient concurrencer le précédent. Sous le pseudonyme de Raphaël, l'œuvre devait durer et se prolonger jusqu'à nos jours puisque la table des maisons citée dans cet ouvrage porte encore ce nom [10]. On trouvait en effet en Angleterre les première tables astrologiques des temps modernes. Quand Smith meurt, la parution de l'almanach est poursuivie par d'autres sous le même pseudonyme de Raphaël.

Apparaît bientôt un nouveau concurrent, un très curieux personnage du nom de Morrison qui prend le pseudonyme de Zadkiel et créé le *Zadkiel almanac* en 1836. Le tirage est de loin inférieur à *Vox Stellarum* mais les lecteurs et le contenu sont un peu différents. Néanmoins les deux almanachs donnent des prédictions annuelles, exprimées de façon suffisamment vague pour qu'elles puissent se réaliser et, entre autres, des articles sur les perspectives astrales des membres de la famille royale et des personnalités de l'époque.

Ainsi, Morrison établit l'horoscope de la princesse Victoria née le 21 septembre 1840 ; une réponse l'informe que « son Altesse royale a été heureuse d'accepter l'horoscope de la princesse royale » — c'est dire l'ambiance qui règne alors en Angleterre, si différente d'un côté et de l'autre de la Manche.

L'époque victorienne (règne de la reine Victoria : 1838-1901) est riche en publications astrologiques de nature populaire ; de très honorables personnes s'occupent d'astrologie. Morrison, pour revenir à lui, lieutenant de vaisseau de la Marine royale et homme fort cultivé, est bien connu de la bonne société londonienne. Il dissimule longtemps ses nombreuses activités astrologiques sous son pseudonyme, ce qui était probablement nécessaire, malgré la tolérance ambiante. Il voulait rendre légale la profession d'astrologue qui, bien que pourvue d'un large droit de cité, demeurait sous la menace juridique de l'« acte sur le vagabondage ». Il rappelait en effet que de nombreuses personnes cultivées et de grand standing apprenaient l'astrologie et avaient un domicile fixe. Il tenta aussi d'organiser la profession d'astrologue par la création d'un diplôme sur parchemin avec le sceau de l'« Association britannique pour la science astrale » que tout bon astrologue savant se devait de posséder.

L'épisode de la vie de Morrison le plus marquant reste sans doute celui de la mort du prince consort Albert, mari de la reine Victoria. Dans l'almanach Zadkiel de 1861, on peut lire que la position stationnaire de Saturne de cette année serait « très mauvaise pour toutes les personnes nées le 26 août ou après cette date ; parmi les affligés, je regrette de voir le valeureux prince consort... ». Or le prince consort meurt le 14 décembre 1861, ce qui frappa l'opinion publique. Zadkiel est attaqué par le *Daily Telegraph* en janvier 1862 : on demande qui est le rédacteur de la prédiction. Un amiral dénonce Morrison, lequel lui intente un procès en diffamation... et le gagne, profitant ainsi d'une réelle publicité.

Le fait est désormais unique en Europe : des personnes cultivées *(educated peoples)* s'adonnent à l'astrologie. C'est le cas, par exemple, de W. J. Simmonite de Sheffield, qui, en même temps que son travail de médecin et d'enseignant, reçoit une nombreuse clientèle astrologique et rédige des ouvrages d'enseignement. Sa position est celle d'un esprit scientifique et sa technique repose sur les mathématiques. Il semble être le premier, au XIXe siècle, à ne pas se contenter de reproduire les formules du XVIIe. Comme Morrison, Simmonite est élu membre de la Société météorologique de Londres en 1839. C'est d'ailleurs dans les années 1830-1860 que l'astrométéorologie suscite le plus grand interêt. Citons aussi T. Oxley et E. V. William parmi les astrologues d'origine scientifique que l'occultisme et la tradition étroite rebutent. Oxley, venant de Liverpool, se fixe à Londres où il enseigne les mathématiques et l'astrologie. Avec William, son élève, ils deviennent spécialistes du dessin, de la fabrication et de la vente des planisphères ainsi que de plans de machines variées.

Pendant la période victorienne sont édités de nombreux manuels astrologiques dont les deux volumes de *Text-book of Astrology* de Pearse publiés en 1879-1889 et réimprimés en 1911 ; ainsi que le *Guide to Astrology* de R. T. Cross publié en 1877-1879, succèdant aux volumineux *Complete Dictionnary of Astrology* de J. Wilson (1819) ou *Celestial philosophy or genethliacal astrology* de Worsdale (1824).

A la fin de cette période apparaissent un phénomène et des personnages nouveaux sur la scène de l'astrologie Anglaise. Il s'agit du mouvement « théosophique » créé par Mme Blavatsky dont on suivra aussi la répercussion en Allemagne et d'un astrologue dont la tendance est à la fois ésotérique et commerciale : Alan Léo (pseudonyme de W. F. Allen) (1860-1917).

Pour comprendre l'interférence européenne entre le

mouvement théosophique et l'astrologie, quelques lignes d'histoire sont nécessaires.

Ce mouvement ésotérique prend naissance en 1875 à New York. Créé par un groupe sous la direction de Mme H. P. Blavatsky (née en Ukraine en 1831 au sein d'une famille noble), cette initiative eut un succès surprenant dans les pays germaniques et anglo-saxons. Elle fut suggérée à son instigatrice par une rencontre avec un prince indien à Londres. Son principe repose sur une fraternité et une religiosité générales, au sein desquelles se placent des conceptions cosmiques ésotériques.

Le mouvement astrologique Anglais dont on a vu la perpétuation, est influencé alors par la rencontre d'Alan Léo avec la Société théosophique. Ce dernier, d'origine très modeste (il est voyageur de commerce), fut introduit dans le cercle autour de Mme Blavatsky à Londres où celle-ci s'installe en 1889. Théosophe d'un côté, Léo allait de l'autre montrer un grand sens du commerce. Avec Lacey, il offre pour la première fois des horoscopes gratuits aux abonnés de l'*Astrologer's Magasine*. Le succès est grand mais, on l'imagine, le travail immense.

Entre 1890 et 94, Léo et Lacey envoient plus de 4 000 horoscopes. Resté seul en 1895, Léo se retrouve propriétaire unique de la publication devenue *Modern Astrology* et, en 1898, il devient astrologue professionnel à temps complet. Il dirige ce qu'on peut qualifier de première entreprise astrologique du monde avec une dizaine d'employés pour réaliser les calculs et rédiger les textes. L'entreprise prospère pendant les premières années du nouveau siècle. A. Léo a réussi la mise au point d'une technique de fabrication massive d'horoscopes grâce à des textes préfabriqués pour chaque type de ciel et un appareil duplicateur. C'était donc déjà l'entreprise astrologique moderne avant l'ère de l'ordinateur dont on verra l'arrivée 60 ans plus tard. Léo envoie ainsi, dit-on, quelque 20 000 horoscopes en 3 ans. Sa technique fait école et se répand en Angleterre et aux Etats-Unis. Comme théosophe, il laisse son nom à une littérature astrologique ésotérique (*Esotéric astrology*, 1913) et, comme astrologue, à une série de manuels célèbres, 7 volumes in-quarto qui mit l'astrologie à la portée de tous. Il n'a jamais publié d'almanachs de prédiction, rompant ainsi complètement avec la tradition séculaire, représentée en Angleterre, on l'a vu, par les très populaires *Raphaël* et *Zadkiel*.

Arrive alors la période qui va converger historiquement avec l'évolution de l'astrologie renaissante dans d'autres pays : vers les années 1930, l'astrologie se répand dans la presse quotidienne. Le *Sunday express* est le premier journal à ouvrir une rubrique astrologique en publiant l'horoscope de la princesse Margaret Rose, sœur de la reine Elisabeth II (21 août 1930). Ce fut un grand succès. Un autre événement allait bientôt accélérer le mouvement : l'astrologue rédacteur Naylor prédit qu'un appareil britannique allait se trouver en grand danger. Presque aussitôt, on apprend que le dirigeable *R-101* parti de Cardington s'est écrasé dans le nord de la France. Dès lors, une page entière du journal est réservée aux articles hebdomadaires. Bien sûr, les concurrents l'imitent, tels *The Poeple*, le *Daily express*, etc. Les prévisions ne sont pas toutes, il faut le dire, aussi réussies que celle concernant le dirigeable. On cite l'une d'elles annonçant qu'« aujourd'hui est particulièrement propice aux spéculations boursières »... c'était un dimanche, la Bourse fermée et le journal, dit-on, changea d'astrologue.

Une branche « anti-occulte » paraît se développer particulièrement à cette époque avec des astrologues tels que W. J. Tucker, auteur du livre d'esprit scientifique *The « how » the human mind* (1930) et un périodique intitulé *Science and astrology*.

Est-ce en raison de sa longue histoire sans rupture, de son traditionnel empirisme national, du fait peut-être aussi des positions plus ouvertes des astrologues ? On voit aujourd'hui en Angleterre le premier cas de collaboration positive entre un universitaire renommé et éminent, le Pr Eysenck (professeur de psychologie) et des astrologues, cas rare sur lequel nous reviendrons. Ce n'est certes pas le fait du hasard. Cet événement contraste beaucoup avec ce que nous allons découvrir sur le continent, en particulier en France.

III. — Oubli et réapparition de l'astrologie en France

Grande époque rationaliste et positiviste, le XIXe siècle voit en France l'astrologie totalement oubliée. Sa réapparition à la fin du siècle et les causes qui l'ont engendrée ne sont pas aisées à saisir.

Il exista bien un mouvement occultiste plus ou moins souterrain, mélange de magie, de cabbale, d'arts divinatoires qui s'étaient, on l'a vú, réfugié au XVIIIe siècle dans des sociétés secrètes. En fait, le dernier traité français d'astrologie est celui de Morin de Villefranche... datant de 1661 et écrit en latin ; il est depuis longtemps empoussiéré dans les bibliothèques.

Le courant théosophique de H. P. Blavatsky rencontré en Grande Bretagne n'a aucune prise en France en dépit d'un séjour de son instigatrice.

Il semble bien qu'à l'origine de la réapparition de l'astrologie se trouvent deux personnages. L'un, membre connu de l'« Ordre kabbalistique de la Rose-Croix », F.-C. Barlet (Albert Faucheux, 1838-1921) qui eut des contacts avec la littérature anglaise, et écrivit un petit *Traité d'astrologie judiciaire* en 1895. L'autre, l'abbé C. Nicoullaud (1854-1923), de son pseudonyme Formalhaut, qui publia un *Manuel d'astrologie sphérique et judiciaire* (1897). Le courant allait être recreé.

H. Selva (employé à la Bourse de Paris) publie un *Traité d'astrologie généthliaque* (1901) suivi aussitôt d'une traduction du latin sous le titre *La théorie des déterminations astrologiques de Morin de Villefranche* (1902).

Il est ainsi frappant de voir que les quelques publications françaises marquant la réapparition de l'astrologie sont l'œuvre d'amateurs, à différents titres plus ou moins marginaux, — en même temps, les auteurs anglais sont presque toujours des praticiens professionnels.

C'est alors qu'apparaît la personnalité éminente de l'astrologie de l'époque : un polytechnicien officier d'artillerie, Paul Choisnard (1867-1930). Il va de façon très originale tenter de relier l'astrologie traditionnelle retrouvée avec les exigences strictes de sa formation scientifique rationnelle. Auteur de plus de 20 ouvrages, il publie à partir de 1900, d'abord sous un pseudonyme : Paul Flambard, puis sous son propre nom. Sa tentative représente un véritable tournant dans l'histoire de l'astrologie dont on suivra le devenir dans le chapitre suivant.

« Les éléments en jeu, écrit-il [39], sont constitués d'une part par les facultés humaines ou les événements humains, et, d'autre part, par les données astronomiques du ciel de naissance : la question essentielle est de montrer que la correspondance entre ces deux catégories de choses est réelle ou qu'elle n'est pas. Or, les traités d'astrologie — invariablement composés de règles anciennes sans aucun souci de la critique scientifique — n'ont jamais apporté aucune preuve valable là-dessus ; car toute l'habileté des tireurs d'horoscopes ne fera rien à la vérité scientifique en jeu, vérité qui n'est démontrable que par le calcul des probabilités. » « L'hostilité systématique contre la tradition, précise-t-il, ne me semble pas plus légitime que le fait de la suivre aveuglément », et il reconnaît que « pour étudier avec fruit l'astrologie, il faut d'abord s'affranchir de la peur du ridicule ». Ainsi, pour l'auteur, l'astrologie est — pour la première fois dans le monde — l'objet possible d'une recherche scientifique par le calcul des probabilités. Mais il est conscient que « l'enchaînement des causes et des effets, loin d'être simple, renferme toujours des facteurs adjuvants dont un assez grand nombre peuvent nous être inconnus ; aussi est-ce avec des résultantes variables, plus ou moins complexes, que nous avons affaire, et pour en connaître certaines causes déterminantes — c'est-à-dire établir des correspondances entre celles-ci et celles-là — il n'y a qu'un moyen, c'est de comparer les fréquences des éléments en jeu... C'est la seule façon d'arriver à prouver qu'on est en présence d'une loi et non d'une coïncidence fortuite, autrement dit d'une observation qu'on peut répéter et non d'un résultat dont toutes les causes nous échappent ».

Choisnard a passé ainsi de nombreuses années de sa vie à rechercher ces correspondances, à les affirmer dans de nombreuses publications et à justifier à ses yeux la plupart des techniques astrologiques. Il en a même découvert de nouvelles puisqu'il a étudié et, à son avis, démontré l'existence d'une hérédité astrale [40] selon laquelle les enfants naissent plus souvent que le hasard ne le voudrait sous des positions planétaires identiques à leurs parents.

Cependant, malgré l'excellence de la méthode et du but affirmés, il faut reconnaître que la moisson scientifique n'a pas été à la hauteur espérée à la lueur des études modernes . En effet, il est regrettable que les données expérimentales et le détail des calculs n'apparaissent pas facilement comme l'exigent les travaux scientifiques actuels. De toute façon, une attitude nouvelle était apparue. Elle fit date, mais elle rassembla contre elle à la fois le milieu scientifique qui ignora la position si nouvelle de ce polytechnicien et le milieu astrologique qui, sans aucune formation scientifique, semble avoir ressenti là une intrusion aberrante et incompréhensible. Il faudra attendre les travaux de Krafft en Allemagne, de Lasson et surtout de Gauquelin en France pour retrouver la même veine. Nous les évoquerons dans le chapitre V.

L'astrologie, avant et après la dernière guerre, reprend donc pied en France.

« De 1930 à 1970, écrit le sociologue Cl. Fischler [37], nous avons assisté à l'essor et au développement d'une astrologie de masse, produite et diffusée par les médias... mais il serait erroné de conclure que l'astrologie moderne s'oriente uniquement vers la “masse”, vers les couches moyennes ou populaires. Car, alors même que ce nouveau rameau poursuit sa croissance, l'astrologie, sortant de son underground occultiste, s'étend aussi dans les couches supérieures de la bourgeoisie, les classes dirigeantes techniciennes, managériales et les professions libérales. Et ce développement élitique est sans doute une des formes les plus caractéristiques et les plus significatives de l'astrologie moderne (en France). »

Des astrologues deviennent célèbres, tel A. Barbault [3], auteur d'une collection « Le zodiaque » publié aux éditions du Seuil [41].

L'astrologie d'élite se développe et, poursuit Cl. Fischler, « la culture facilite l'accès à l'astrologie savante, syncrétique et perfectionnée... C'est essentiellement la classe supérieure qui consomme les fruits de la recherche astrologique de pointe ». L'analyse des cartes du ciel de naissance va devenir, dit-il, « auxiliaire de décision, outil d'investigation psychologique, arme parmi d'autres des chasseurs de têtes ». A ce niveau cultivé, une presse particulière est éditée, au sein de laquelle nous pouvons mentionner entre autres *Horoscope* (ancien et qui amalgame encore dans sa publicité astrologie, magie et voyance), *Astral*, et récemment *Astrologie pratique*.

Parallèlement, aux mêmes années qu'en Grande-Bretagne, se perpétue une astrologie populaire, largement répandue par la presse. Les premiers horoscopes apparaissent dans la presse féminine (*Journal de la femme*, 1932) et dans la presse quotidienne : première publication dans *Paris-Soir* le 18 avril 1935. On s'aperçoit que là encore les horoscopes sont pratiquement toujours prévisionnels. Le principe des calculs est simple : pour chaque signe du zodiaque sont considérés les aspects avec les planètes du ciel (du jour, de la semaine ou du mois). Cette technique est assimilable à une prévision selon les « maisons solaires » par l'association faite à partir de maison 1 = Bélier.

A l'automne 1970 surgit ce que le sociologue

C. Fischler qualifie d'« événement considérable » : l'apparition sur Europe 1 de Mme Soleil qui consulte à l'antenne. Celle-ci reçoit dès le début, dit-on, 15 à 18 000 appels téléphoniques par jour. Au plus fort de sa gloire, Mme Soleil aurait eu 300 000 lettres en attente. Le succès dépasse les prévisions. La télévision accueille aussi le personnage devenu célèbre. On cite volontiers la réponse du Président Pompidou « Je ne suis pas Mme Soleil » à une question à laquelle il ne pouvait pas répondre, « faisant passer dans le langage courant, dit C. Fischler, un idiotisme qui fait peut-être figurer l'astrologue des ondes aux côtés des grands archétypes oraculaires de l'Occident. »

En fait, Mme Soleil est bien astrologue, mais son succès est apparemment autant dû à son charisme personnel qu'au fait « qu'elle dispense avec une sorte de chaleur bourrue le réconfort, la consolation, l'encouragement et le blâme amical » [37] avec quelques références astrales [42].

Des associations astrologiques se sont organisées depuis des décennies et poursuivent des activités d'orientation et niveaux variés, de nouvelles se créent encore. La vie astrologique française est telle qu'il faut à J. Halbronn un volume entier pour en donner en 1984 les références [43][2].

Par contre l'étanchéité entre le monde scientifique universitaire officiel et l'astrologie reste totale après la tentative de Choisnard et les résultats des Gauquelin : nous verrons dans le prochain chapitre comment ces derniers sont toujours regardés avec dérision par les rationalistes antiastrologiques.

2. Citons le Réseau astrologique humaniste (RAH) et A. Ruperti, le Mouvement astrologique unifié (MAU) de J. Halbronn, la Fédération francophone d'Astrologie (FFA) de C. Aubier, le Centre d'organisation du Mouvement astrologie conditionnaliste (COMAC) de J. P. Nicola, le groupe Mercure, la SFA, l'ARRC de Y. Lenoble (qui organise chaque année un colloque consacré à une planète et dont les Actes constituent un événement astrologique appréciable) et bien d'autres. De même, un certain nombre de revues spécialisées sont éditées par des astrologues, par exemple : *L'Astrologue* (A. Barbault), *Les Cahiers conditionnalistes* (J. P. Nicola), *Astralis* (M. Charvet), *Dissonance* (B. Blanchet), *Urania* (A. Aumont), *RAMS* (Auréas).

IV. — L'Allemagne et le IIIe Reich

A peu près autant qu'en France, l'astrologie est oubliée en Allemagne au XIXe siècle. Tout juste trouve-t-on l'édition isolée du *Tétrabiblos* de Ptolémée par J. Pfaff en 1816 : l'astrologie réduite à rien, est connue seulement de quelques rares excentriques.

Mais le mouvement théosophique de H. P. Blavatsky va prendre rapidement racine après la rencontre de cette dernière avec un riche industriel G. Gerbhard, et la création de la section allemande ; grâce aussi à la rencontre d'un autre théosophe allemand, F. Hartmann, célèbre dans les domaines occultes de l'époque, ainsi que de son secrétaire, H. Vollrath, qui dirige bientôt une maison d'édition de théosophie et d'occultisme. Comme en Angleterre, mais deux décennies plus tard, ce mouvement occulte va favoriser la réapparition de l'astrologie avant la guerre de 1914.

Le premier manuel allemand d'astrologie paraît en 1905, mais c'est en 1908-1909 que K. Brandker-Pracht, parmi d'autres, va être l'initiateur du renouveau moderne. Le premier périodique *Zodiakus* est édité en 1909. La première société d'astrologie est fondée à Leipzig par Vollrath, tandis que l'*Astrologische Rundschau* voit le jour en 1908 : ce fut la plus importante publication jusqu'à son interdiction en 1938.

L'influence Anglaise pénètre par un élève d'Alan Léo : W. Becker. Mais la guerre de 1914 interrompt un moment l'évolution astrologique qui reprend en force dès la paix revenue. Se situe alors, jusqu'aux événements liés au nazisme, une période faste. L'astrologie s'individualise de tout autre mouvement. Une abondante littérature est publiée : manuels, éphémérides, etc. Le premier congrès européen d'astrologie se tient à Munich en 1922. Les astrologues professionnels sont maintenant nombreux.

Cette période est marquée en Allemagne par une capacité de l'astrologie à toucher des milieux cultivés qui s'organisent de façon originale : il existe une

« Deutsche Kultur Gemeinschaft zur Pflege der Astrologie » (Association culturelle allemande pour l'astrologie) comprenant des *Herren Doktor* cultivés et universitaires, cas unique au monde.

Précocement dans ce pays apparaît l'astrologie psychologique, peut-être en relation avec la publication des *Types psychologiques* de C. G. Jung et de *Physique et caractères* de E. Kretschner.

L'astrologie allemande et le nazisme. — En raison des conséquences fondamentales, nous considérerons plus spécialement cette période tragique.

Après sa prise de pouvoir en janvier 1933, Hitler applique dans toute l'Allemagne la *Gleich Haltung* ou mise au pas de toute activité sur la base du national-socialisme. Les astrologues, bien entendu, sont visés car ils prétendent établir la même carte du ciel pour un juif et un aryen nés le même jour au même endroit et à la même heure. Aussi doivent-ils composer ou s'effacer pour survivre. Pourtant, en 1923, une femme astrologue, E. Ebertin, avait publié un horoscope du futur dictateur avec la seule date de naissance (20 avril 1889) sans heure connue. Elle prédit pour un proche avenir qu' « un homme d'action né (ce jour), avec le Soleil à 29° Bélier... peut s'exposer à un danger personnel par une action excessivement imprudente... Les constellations indiquent que cet homme doit être pris très au sérieux... » ; et le 8 novembre 1923 Hitler et ses partisans déclenchent un putsch manqué à Munich, le 1er avril, il est arrêté : il va écrire *Mein Kampf* en prison... L'astrologue devient célèbre[3]. En fait, tout semble dû au hasard car Hitler était né en fin d'après-midi et son Soleil était déjà dans le signe du Taureau.

Sous le régime nazi, certains astrologues manifes-

3. On imagine que de nombreux astrologues mondiaux ont, par la suite, tenté de reconstituer et d'interpréter le thème de Hitler. « Les tendances amorales et asociales de Hitler avaient leur source dans la constitution intime de son être, conclut E. Hentgès après une analyse détaillée sur la base d'une naissance entre 17 et 18 h. Voir *Cahier astrologique*, 1950, 28.

tent un antisémitisme favorable à leur survie professionnelle..., d'autres se taisent. Un astrologue, avocat à Düsseldorf, H. Korsch, éditeur de la revue *Zenit*, publie en 1931 un texte signé « Spectator » lequel annonce« la chute inévitable de Hitler ». La Gestapo en recherchera plus tard l'auteur. Mais, malgré ses efforts d'adaptation, l'astrologie est attaquée. En 1938, société de théosophie, *Zenit*, almanach de E. Ebertin, tout a dû disparaître. C'est le déclin.

Une figure reste particulièrement attachée à cette période du nazisme : celle de l'astrologue K. E. Krafft (1900-1945). Né en Suisse, il lie son sort à celui de l'Allemagne. Personnage complexe, apparemment ambitieux, antisémite et antifranc-maçon à ses heures ; son cas fait l'objet d'une recherche approfondie par l'Anglais E. Howe [36]. Installé en Allemagne, il collabore à différentes périodes avec les nazis, semble-t-il comme traducteur. A-t-il été ou non l'astrologue d'Hitler comme on l'a dit parfois ? Il ne le semble pas, mais l'histoire n'est pas claire, tandis que sa fin est connue : arrêté le 9 juin 1941, envoyé au camp d'Orianenbourg puis à celui de Buchenwald où il meurt du typhus. Tragique histoire donc. Cependant, sur les traces de Choisnard, il avait publié en français en 1939 un *Traité d'astrobiologie* [44], dont le contenu est basé sur les mêmes bonnes intentions, mais dont le résultat est aujourd'hui aussi déconcertant.

L'épisode de la fin de la vie de Krafft ne peut être compris sans celle très rocambolesque mais vraie de Rudolf Hess.

Le 10 mai 1941, ce dernier, *Reichminister* d'Hitler, s'envole clandestinement d'Allemagne pour l'Ecosse où il veut rencontrer Churchill et négocier une paix séparée. Hitler, furieux, doit donner une explication. Rudolf Hess est un dérangé mental et il a été influencé par les astrologues, prétendent les nazis (version publiée le 14 mai dans le *Völkische Beobachter*). Hitler fait arrêter les proches de Hess, bientôt des centaines de personnes, en commençant par des astrologues, des graphologues, des occultistes connus. La principale vague d'arrestations a lieu le 9 juin : Krafft est du lot. Il n'en est pas revenu. Heureusement, tel ne fut pas le cas de toutes les personnes arrêtées ce jour-là.

Disons encore que l'astrologie fut mêlée à la guerre comme arme psychologique. On a quelques indices faisant penser que l'un et l'autre camp utilisèrent le système des prédictions astrologiques tendancieuses sous forme de documents infiltrés ou de tracts distribués pour démoraliser l'adversaire.

Bien entendu, l'effondrement du IIIe Reich devait progressivement laisser l'astrologie réapparaître en République fédérale.

V. — **Bilan et tendances de l'astrologie actuelle**

On peut vraiment dire que l'astrologie s'est répandue au XXe siècle sur tous les continents[4] ; les astrologues ne sont plus persécutés qu'en paroles. L'Inde est peut-être le pays où elle est actuellement le plus intégrée aux mœurs, l'horoscope présidant aux différents événements de la vie, aux mariages, etc. (des petites annonces matrimoniales de journaux demandent l'horoscope). Il arrive que l'étranger trouve dans sa chambre d'hôtel une offre de rendez-vous avec l'astrologue de l'établissement comme une chose fort naturelle.

Cependant l'astrologie mondiale n'est pas uniforme et des éléments nouveaux apparaissent.

L'astropsychologie. — Décrite dans le premier chapitre comme l'une des deux techniques d'analyses possibles d'un ciel de naissance, la typologie psycholo-

4. Toute l'Europe, y compris des pays de l'Est (Hongrie, Pologne...) ; apparemment partout où l'Occident a eu une influence, à l'exception, semble-t-il, de pays extrêmes-orientaux et de certains Etats arabes — l'Egypte cependant possède des astrologues, des journaux tels *Al Wafd* ou *El Ahram* publient des horoscopes régulièrement.

gique est actuellement en plein développement alors que, pendant fort longtemps, l'astrologie était synonyme de « prédiction ». On parle d'ailleurs aujourd'hui de « prévisions », mot dont la connotation est moins magique, plus rationnelle.

Les principaux astrologues poursuivent une œuvre importante de psychologie (voir toutes les références citées dans cet ouvrage, en particulier entre [1 et 24]. La vieille querelle du libre-arbitre paraît dépassée. Le consultant éclairé comprend aujourd'hui que la connaissance de ses potentialités psychologiques de naissance vont l'aider à se mieux saisir, mieux admettre et que ses relations avec autrui seront meilleures. Il est frappant de voir que les analyses psychologiques écrites se font généralement en termes positifs et constructifs, ce qui prouve le sens de la responsabilité de beaucoup d'astrologues. Un humoriste d'ailleurs, exploita la veine inverse : il rassemble tous les traits négatifs du zodiaque et simule un « zodiaque des insectes » sarcastique [45].

L'école dite humaniste. — La connaissance de soi est sublimée par l'école humaniste qui vise à l'amélioration de l'individu. Le célèbre astrologue philosophe D. Rudhyar, aux Etats-Unis et A. Ruperti, son disciple en France, sont deux représentants importants de cette tendance. « Bien qu'on ne soit pas libre de changer le potentiel de son existence (le thème natal), un individu est cependant libre de décider ce qu'il fera de ce potentiel », écrit Ruperti [23], et il poursuit : « L'actualisation de soi doit être un processus conscient. . . L'homme n'est pas lié à un fatum. A tout moment, de nouvelles situations se produisent dans l'univers, mais aucun homme n'est obligé de leur répondre de façon prédéterminée. Là est sa liberté, mais il doit la choisir. » C'est, en somme, faire écho, à travers les siècles, aux bien anciennes querelles sur le libre-arbitre, et cette fois de façon nettement optimiste.

La théorie des « ères ». — On sait que le point vernal, point de référence où le Soleil paraît se lever à l'équinoxe de printemps, vu de la Terre, semble rétrograder sur le zodiaque des constellations stellaires. Un cycle complet dure 26 000 ans. Les Grecs de l'Antiquité avaient déjà découvert cette « précession des équinoxes ». L'astrologie, on l'a vu, utilise le zodiaque tropique non lié à cette précession.

Or le XXe siècle a vu naître la théorie des « ères » selon laquelle l'humanité passerait successivement sous l'influence de chacune des constellations dans lesquelles se trouve le point vernal. Il y a environ 4 000 ans, le Soleil à l'équinoxe était placé dans la constellation du Taureau : c'est l'ère des cultes tauriens (Mithra, les emblèmes de temples japonais, etc.). Puis on passe dans l'« ère du Bélier » ou agneau céleste : c'est l'époque de l'Apocalypse. Vient ensuite l'« ère des Poissons » : symbole du christianisme primitif. Enfin, actuellement, nous approchons de l'« ère du Verseau » qui se situe au début du XXIe siècle. Cette ère doit être préparée par l'homme car elle sera marquée par d'étonnantes transformations, au dire des auteurs de cette théorie[5].

Il s'agit évidemment d'une construction intellectuelle récente dont on ne peut dire plus, mais souvent évoquée.

Signes et symboles. — « L'astrologie symbolique s'est développée sur la base des découvertes ethnologiques, sociologiques et psychologiques », écrit Knappich [26] ; « elle s'est attachée à contrôler la valeur réelle des symboles astraux révélés par ces sciences et à les utiliser comme facteurs d'interprétation dans le travail astrologique ». Cette attitude est décrite par l'auteur comme si ces facteurs astrologiques ne doivent pas être considérés comme des réalités physiques. « Pour l'astrologie symbolique, l'horoscope a unique-

5. Voir « La précession des équinoxes, encore » par R. Amadou, in revue *L'Autre Monde*, 1986, 102.

ment la valeur d'un plan du ciel dans lequel les planètes porteuses de signes symbolisent des fonctions biopsychiques réelles. » Dans un certain sens, on peut dire que les astrologues de cette tendance s'éloignent du problème de la compréhension des phénomènes astrologiques par les sciences exactes. Le signe est objectif, le symbole est subjectif. Mais dans l'ensemble de la littérature astrologique, c'est davantage une divergence linguistique qu'une opposition de fond. Il y a les astrologues — nombreux — qui utilisent, sans se poser de questions, les éléments astrologiques définis par la tradition ou leur expérience personnelle, il y a ceux — moins nombreux — pour lesquels ces éléments sont des signes ayant une réalité physique à découvrir. « Plus la réalité objective de la corrélation entre la Terre et le cosmos sera constatée et expliquée par les sciences exactes, mieux on comprendra que tout événement ayant une cause naturelle a son reflet dans le vécu symbolique et que les deux façons de voir ne sont que deux aspects d'une seule et même réalité » conclut le même auteur.

L'astrologie sur ordinateur. — En septembre 1968 s'ouvrait à Paris, aux Champs-Elysées, le centre Astroflash à peu près à la même époque que celui d'Oxford street à Londres.

Astroflash a mis sur programme d'ordinateur (actuellement un IBM 4331) plusieurs types d'études astrologiques. Les textes sont conformes à la tradition mais utilisent les apports du langage psychologique moderne. Ils ont été rédigés par deux astrologues de renom : A. Barbault et J.-P. Nicola. A partir de la date, de l'heure et du lieu de naissance, l'ordinateur établit en quelques instants les données demandées, sous forme de paragraphes successifs, en 7 langues différentes, avec les données écrites de la carte du ciel. Un premier programme « Etude de caractère » est basé sur les positions du Soleil, de la Lune, de Vénus, Mercure combinés avec le signe ascendant. Elle recueille 39 % des demandes [37]. Une « Etude spéciale enfants » analyse particulièrement la dominante zodiacale, l'effet du signe de la Lune et de ses aspects, la position de Mercure et de ses aspects (6,5 % des demandes). Une troisième étude, « Adam et Eve », recherche les possibilités d'entente dans un couple par comparaison des ciels réciproques (5 % des demandes). Dans le domaine des prévisions, Astroflash offre deux services en précisant qu'« il s'agit d'informations qui doivent vous aider à dominer votre destinée et non à la subir », l'un utilise la technique de la « révolution solaire » (voir chapitre I), l'autre réalise un ensemble de prévisions portant sur 5 ans basé sur différents transits. Le nombre des clients d'Astroflash est d'environ 100 000 par an, succès donc considérable.

Il est évident que le décodage astrologique avec ses systèmes de 12 signes, 10 éléments célestes, 12 maisons se prête facilement à une démarche analytique informatisée. Le découpage des analyses en paragraphes bien rédigés est présenté au public avec sa succession logique, terminée par la mention : « Ne manquez pas d'interpréter la description ci-dessus en faisant la synthèse des différents éléments qui la composent... tenez compte du degré d'évolution (du sujet), de son genre de vie et de son environnement. » Evidemment, l'ordinateur n'est pas plus intelligent que le client, et donc deux personnes ayant les mêmes coordonnées de naissance reçoivent le même texte.

Des astrologues ont protesté contre cette forme d'astrologie « industrielle » accessible au grand public. « Seule une longue pratique de l'astrologie et une assimilation intelligente des symboles planétaires permettront de faire l'analyse individuelle valable. Car un manuel — pas plus qu'un programme d'ordinateur — ne vous donnera jamais toutes les manifestations au niveau du vécu », proteste E. Teissier [46] parlant des « ordinateurs, nourris de quelques éléments de base qui ne serviront qu'à défigurer l'astrologie » et ne peuvent, pour l'auteur, remplacer « l'art de l'astrologue ». En fait, comme le dit F. Guérin [47], « la différence entre un travail effectué par un ordinateur et l'astrologue est le même qu'entre le prêt à porter et la haute couture ». Celui-ci a probablement raison lorsqu'il écrit ensuite que « cette expérience puise... son succès dans le fait qu'elle a mis l'astrologie à la portée de tous... Cette formule, même si elle est commerciale..., a fait progressivement disparaître une certaine censure... elle a touché toutes les couches de la société et conduit à une véritable renaissance populaire de l'astrologie ».

Il faut reconnaître aussi que l'astrologie s'est trouvée « objectisée » par l'informatisation : quand un trait de caractère est reconnu, on ne peut plus évoquer l'intuition psychologique de l'astrologue face à son consultant.

Le sociologue C. Fischler s'est penché sur ce phénomène de société moderne (des ordinateurs sont installés un peu partout dans le monde, en particulier aux Etats-Unis), et cherche à interpréter le succès psychologique des textes. « La psyché, dit-il, se mire et s'admire dans l'horoscope d'Astroflash. En même temps, elle-même miroir, elle réfléchit et infléchit l'horoscope, en opérant sélection et décantation des traits de caractère qu'il lui propose. . Ainsi, le profil d'Astroflash est quête d'identité au moins autant que jeu introspectif. »

Ajoutons que l'astrologie est maintenant largement répandue sur Minitel où elle semble plus souvent prévisionnelle qu'à Astroflash.

Le point de vue des sociologues. — Une enquête sociologique approfondie a été effectuée par un groupe dirigé par E. Morin. Celui-ci comprend C. Fischler, P. Defrance et L. Petrossan. Donnant lieu à un premier bilan en 1971, l'étude a été réactualisée et republiée en 1981 [37][6]. « Le courant astrologique n'est pas près de s'affaiblir », pronostique E. Morin. Trois enquêtes

6. On peut trouver un compte rendu d'une réunion organisée à la Faculté des Sciences de Paris par le groupe de sociologues et l'Union rationaliste, en présence d'un astrologue, dans *Raison présente*, 1973, 25.

sociologiques réalisées par l'IFOP et l'IRES en 1971, la SOFRES en 1980, montrent l'impact du phénomène.

Les agriculteurs sont plus réfractaires que les employés, ouvriers ou cadres. L'intérêt pour l'astrologie augmente avec le degré d'urbanisation. « L'astrologie moderne n'est pas le résidu folklorique et superstitieux d'une société rurale non développée (C. Fischler). Elle se répand au contraire de manière privilégiée là précisément où se concentrent les caractères nouveaux de la civilisation moderne et les crises contemporaines : dans les villes. » « Dans les villes, (l'astrologie) va profiter des affaiblissements simultanés de l'esprit religieux traditionnel et du courant rationaliste laïque, en même temps que des progrès du nouvel individualisme... C'est à cet individualisme que répond l'astrologie moderne : jadis aristocratique et princière, elle s'est démocratisée ».

Dès 1960, un « vent de psychologisme » souffle. La vague de la psychanalyse va de pair, pour le sociologue, avec la demande d'astrologie psychologisée. On veut se connaître et connaître les autres. « Ce n'est pas le rationalisme en tant que tel qui est atteint mais plutôt la confiance globale dans les sciences exactes qui semble quelque peu ébranlée », poursuivent les sociologues : il faut remarquer pourtant que l'astrologie cherche à se « scientifiser » et à justifier ses dires par des découvertes scientifiques, ce que nous verrons dans le prochain chapitre.

Il est intéressant de considérer avec P. Defrance que l'astrologie semble faire partie de ce que les sociologues qualifient de « nouvelle gnose » comprenant le paranormal, les mystiques orientales, l'occultisme, la diététique, la psychologie des profondeurs. Ce serait là un curieux retour en arrière puisque l'astrologie moderne, on l'a vu, a dû, pour renaître, s'individualiser de cet ensemble ésotérique. Mais simultanéité ne veut pas forcément dire lien réel.

Plus évidente paraît la constatation selon laquelle chacun cherche « implicitement à réintégrer harmonieusement l'homme, corps et âme, dans l'univers »

(C. Fischler), y compris *via* l'astrologie, au moyen d'une libération intérieure par et pour soi.

Dans toute l'enquête menée, un fait paraît émerger : plus de 50 % de la population aurait à l'égard de l'astrologie une « croyance clignotante », « croyance semi-lucide, indécise, tronquée, ambivalente », « les frontières entre la demi-croyance et la croyance d'une part, la demi-croyance et le scepticisme d'autre part (étant) très difficilement discernables ».

Enfin, tous les auteurs s'accordent pour dire que les femmes sont plus attirées que les hommes par l'astrologie. C. Fischler le constate clairement dans les enquêtes et observations relatées. Il en est de même dans l'hémisphère Sud[7]. Comment expliquer cela ? L'auteur relie cette tendance féminine à la « néo-inculture de la femme » (idem pour les jeunes d'ailleurs). « La méconnaissance des rouages de l'économique et du politique, du judiciaire et du juridique conduit à fonder son espoir sur une instance tutélaire et protectrice », écrit-il. Mais n'est-ce pas là sous-estimer beaucoup le niveau mental de la femme moderne et n'y a-t-il pas d'autres hypothèses possibles liées par exemple à la nature biologique de la féminité : cycle, sensibilité maternelle, etc. Il conviendrait sans aucun doute de se poser la question. Le sujet paraît loin d'être épuisé.

7. Voir G. A. Tyson, Who consult astrologers, a profile, *Person. indiv. Diff.*, 1982, 3, 119-126. Pour cet auteur, la consultation d'un astrologue est le signe d'un stress de l'individu.

Chapitre V

L'ASTROLOGIE FACE A LA SCIENCE

En 1975, dans son numéro de septembre, *The Humanist* publie aux Etats-Unis un manifeste fondamental contre l'astrologie. C'est un appel signé par 186 scientifiques dont 18 prix Nobel (parmi eux : F. Crick, Konrad Lorenz, A. Lwoff, L. Pauling, J. Tinbergen...). Il est rédigé par :

— B. J. Bok, professeur émérite d'astronomie, université d'Arizona ;
— L. E. Jérôme, écrivain scientifique, Santa Clara, Californie ;
— P. Kurtz, professeur de philosophie, State University de New York, Buffalo.

Voici le texte :

« Dans un grand nombre de disciplines, des scientifiques s'inquiètent de l'accueil de plus en plus favorable que reçoit l'astrologie dans une grande partie du monde. Nous soussignés — astronomes, astrophysiciens et scientifiques d'autres disciplines — tenons à mettre en garde l'opinion contre le danger d'accepter inconditionnellement les prédictions et les conseils donnés en privé et en public par les astrologues. Ceux qui veulent croire à l'astrologie doivent savoir que ses principes ne reposent sur aucune base scientifique.

« Jadis, les hommes croyaient aux prédictions et aux conseils des astrologues parce que l'astrologie faisait partie de leur vision magique du monde. Ils considéraient les objets célestes comme le séjour des dieux ou des présages envoyés par eux, et les croyaient donc intimement liés aux événements terrestres ; ils n'avaient aucune notion de l'immensité des distances qui séparent la Terre des planètes et des étoiles. Aujourd'hui, ces distances sont calculées ; et nous voyons maintenant à quel point les effets, gravitationnels ou autres, que peuvent produire les planètes lointaines, ainsi que les étoiles, encore plus lointaines, sont infinitésimaux. Il est purement et simplement faux d'imaginer que les forces exercées par les étoiles et les planètes au moment de la naissance peuvent en quelque manière modeler notre avenir. Il n'est pas davantage vrai que la position de corps célestes lointains rende certains jours ou certaines périodes plus favorables à certains types d'actions, ou que le signe sous lequel il est né détermine la compatibilité ou l'incompatibilité d'un individu avec d'autres.

Pourquoi croit-on à l'astrologie ? En ces temps incertains, nombreux sont ceux qui rêvent de se laisser guider confortablement dans les décisions qu'ils ont à prendre. Ils voudraient croire à une destinée prédéterminée par les forces astrales échappant à leur contrôle. Mais tous, nous devons affronter le monde, et comprendre que notre avenir est en nous et non dans les étoiles.

« A une époque où les lumières et l'éducation sont largement répandues, on pourrait espérer ne pas avoir besoin de détrôner des croyances fondées sur la magie et les superstitions. Et pourtant, la croyance astrologique envahit la société moderne. Nous sommes particulièrement préoccupés par le fait que les médias, des journaux, des magazines et des éditeurs par ailleurs estimables diffusent continuellement, de manière non critique, thèmes astrologiques, prévisions et horoscopes. Cela ne peut contribuer qu'à la montée de l'irrationnel et de l'obscurantisme. Nous pensons que l'heure est venue de contester directement, et avec force, les affirmations prétentieuses des charlatans de l'astrologie.

« Il faut qu'il soit clair que tout individu qui continue à accorder foi à l'astrologie le fait en dépit de ce que sa croyance ne repose sur aucun fondement scientifique avéré et qu'il existe même de nombreux éléments de preuve contraires. »

Diamétralement opposée, une phrase de l'astrologue E. Teissier [46], terminant le chapitre intitulé « Des preuves scientifiques, en veux-tu, en voilà, en faveur de l'influence planétaire » : « L'astrologie peut se considérer, à la lumière de ces expériences, *corroborée, vérifiée, légitimée, sinon totalement expliquée* (soulignés par l'auteur). »

Qu'en est-il donc exactement ? Les principes de l'astrologie décrits dans le chapitre I ne reposent-ils vraiment « sur aucune base scientifique » ou bien des travaux ont-ils, et ce en quelques années, scientifiquement « légitimé » ceux-ci ?

Un large tour d'horizon est nécessaire : nous allons le réaliser avec le plus de circonspection possible.

Avec P. Thuillier[1], on constate au cours des derniers siècles que « l'astrologie n'a pas été réfutée, elle est tombée en désuétude ». Il paraît donc indispendable d'ouvrir d'abord largement le dossier des recherches réalisées dans le monde au sujet — pour ou contre — de l'astrologie. Et de poser la question en termes objectifs comme a su très bien le faire H. J. Eysenck : *Astrology, science or superstition?* [48].

Pour ce faire, nous allons utiliser divers résultats publiés dans le monde[2] spécialement ces dernières années, dans les domaines statistiques, en psychologie, en biologie et en astronomie avant d'analyser l'attitude rationaliste définie par les sociologues et les polémiques qui en découlent.

Alors, mieux informés, nous pourrons tenter de conclure.

1. Pierre Thuillier, enseignant à l'Université de Paris VII, spécialiste d'histoire des sciences. Pour la citation, voir *La Recherche*, n° 141, 1983, 267-268.

2. Jusqu'à 1988 inclus.

I. — Les statistiques

Les analyses des Gauquelin. — Nous avons déjà mentionné la justification de l'emploi des statistiques en astrologie faite par Choisnard [39] au début du siècle, par Krafft [44] plus tard.

Les premiers résultats importants, basés sur de grands nombres et des expériences répétées, sont incontestablement ceux de M. et F. Gauquelin (M. Gauquelin décédé en 1991). Il faut nous y attarder.

Parmi les 500 pages d'analyse très critique de recherches concernant l'astrologie entre 1900 et 1976 publiée par G. Dean et A. Mather[3], seuls pratiquement les travaux des Gauquelin recueillent l'approbation des auteurs.

Le travail de Michel Gauquelin commence en 1949, puis quelques années plus tard en collaboration avec son épouse Françoise, et se poursuit depuis 40 ans sans discontinuer.

La méthode de départ consiste à constituer des listes de professionnels de haut niveau, avec date, lieu et heure de naissance. Pour ce faire, M. Gauquelin utilise d'abord l'*Index des membres, correspondants et associés de l'Académie de médecine* (1820-1939), donnant les dates et lieux de naissance. Une correspondance avec les états civils fournit l'heure déclarée[4]. Une première liste de 576 médecins éminents est ainsi constituée.

Un premier résultat est acquis aussitôt par un calcul de probabilités sur les 12 secteurs qui divisent les 360 degrés de la rotation terrestre : ces médecins naissent plus souvent que ne le voudrait le hasard au lever ou à la culmination des planètes Mars et Saturne.

En 1952, le chercheur répète l'expérience avec une

3. Bien que très critique pour les travaux astrologiques, ce livre est publié sous l'égide de l'Astrological Association de Grande Bretagne.

4. D'après une étude de M.-F. Gauquelin (L'heure de naissance, in *Population*, 1959, n° 4, 683-702), les heures exactes de naissance déclarées à l'état civil diffèrent peu, et dans les deux sens en plus ou en moins, des heures consignées par les sages-femmes en hôpital.

seconde liste indépendante de la première, issue du *Dictionnaire national des contemporains* de N. Imbert : pour 508 nouveaux médecins connus, les résultats sont les mêmes. Mais il fallait réaliser des contre-expériences portant sur d'autres professions.

Dans les trois ans qui suivent, les données concernant 6 000 naissances sont rassemblées, groupant 10 professions, toujours en France. Cette fois, c'est la planète Mars qui se lève ou culmine plus souvent que le hasard ne le veut chez les sportifs de haut niveau et les militaires connus, c'est Jupiter pour les acteurs et politiciens, c'est Saturne pour les membres de l'Académie des Sciences. Ainsi paraît la première publication de ces résultats : nous sommes en 1955 (M. Gauquelin, *L'influence des astres, étude critique et expérimentale*, Paris, Le Dauphin).

De 1956 à 1958, des réplications sont faites avec des populations homologues dans d'autres pays européens : Italie (1956, 7 000 naissances), Allemagne fédérale (1957, 3 000 naissances), Belgique (1958, 3 000 naissances) et Pays-Bas (1958, 2 000 naissances). Au total, 13 répétitions de la même expérience : les résultats sont identiques. Il existe une corrélation statistiquement significative entre les levers et les culminations de certaines planètes et les naissances de certains groupes de personnes devenant célèbres. En 1960, M. Gauquelin sort une synthèse : *Les Hommes et les Astres* (Denoël). Plus tard Les Gauquelin (Michel et Françoise) rassemblent leurs données dans 27 volumineuses monographies.

Il est évident que l'on est en présence d'un travail considérable, à cette époque sans ordinateurs, et qu'il aurait été souhaitable qu'un laboratoire de psychologie universitaire puisse alors accueillir ces chercheurs novateurs et leur donner les moyens de développer et étudier leurs découvertes dans le cadre de la science fondamentale. Malheureusement, le CNRS[5]

5. Centre national de la Recherche scientifique.

auprès duquel M. Gauquelin fut candidat à l'époque resta fermé : la commission devant laquelle passa son dossier lui reprocha de faire de l'astrologie, alors qu'il n'en avait ni l'intention, ni l'esprit. Se développèrent alors des polémiques sans fin, on le verra, encore alimentées aujourd'hui.

En vérité, on ne laisse pas d'être étonné par la continuité de ces recherches depuis 40 ans. M. Gauquelin a exercé son métier de psychologue et a poursuivi ses investigations avec sa femme, par vocation, sans jamais professer l'astrologie[6] qu'il conteste.

Rentrons dans le détail de ses analyses.

Les méthodes

1. *Le calcul des distributions expérimentales.* — Les corps célestes, au cours de ce qu'il est convenu d'appeler le « mouvement diurne », parcourent 360 degrés en 24 heures : Gauquelin a divisé le parcours soit en 12, soit en 36 secteurs, numérotés dans le sens des aiguilles d'une montre, contrairement aux maisons astrologiques. Les tables astronomiques permettent de calculer les moments exacts d'entrée de chaque planète dans chaque secteur. Pour l'heure, le lieu et la date de naissance de chaque individu d'une population testée, les secteurs où se trouvent les différents corps célestes sont déterminés et les positions des N individus sont additionnées dans des tableaux de secteurs donnant la distribution expérimentale observée.

2. *Calcul des distributions théoriques.* — Elles doivent être calculées selon l'hypothèse d'une distribution au hasard (= 2e ligne des tableaux de secteurs. Cela est réalisé en tenant compte des facteurs complexes de la réalité : les données astronomiques (longueur de l'arc diurne ou nocturne dépendant de la latitude géo-

6. Ce qui, de façon cocasse, lui fait décerner le titre de « membre du CNRS » et autres fonctions officielles qu'il n'a jamais pu obtenir, par des auteurs tels que E. Teissier [46].

graphique et de la déclinaison de la planète) et démographiques (la proportion de naissances enregistrées pendant la période pendant laquelle la planète est située dans un secteur donné). Les naissances concernées sont toutes situées à une époque où les techniques obstétriques modernes tendant à modifier le rythme naturel des naissances n'étaient pas encore utilisées.

3. *Analyse statistique.* — Elle est réalisée par la méthode du chi carré (ou de l'écart réduit), permettant une appréciation de la significativité ou non des différences entre les deux lignes des tableaux selon une probabilité (écart réduit = *critical ratio* en anglais).

Les contrôles sont réalisés soit en modifiant au hasard (par exemple par ordre alphabétique) les heures de naissance, soit en comparant des populations de personnes « ordinaires », soit, bien entendu, en comparant les résultats des différents groupes professionnels qui constituent des contrôles entre eux.

Les résultats. — Un exemple de résultat est consigné dans le tableau ci-dessous (tableau 5) concernant la naissance de 3 647 savants et la planète Saturne.

La probabilité trouvée montre que la répartition observée diffère très significativement de celle calculée théoriquement. Les savants naissent plus souvent que le veut le hasard avec la planète Saturne au lever et à la culmination (secteurs 1 et 4). Le même type de résultats est obtenu avec les autres catégories professionnelles, que l'on peut résumer selon Gauquelin [51] :

— savants = Saturne ;
— acteurs, journalistes, politiciens = Jupiter ;
— médecins = Mars et Saturne ;
— sportifs de haut niveau = Mars ;
— peintres, écrivains = Lune,

plus que le hasard en secteurs 1 et 4, soit à l'horizon est ou au méridien, et aussi, mais moins nettement, à l'horizon ouest et au méridien inférieur. Des graphiques cir-

Tableau V. — Fréquences de positions de Saturne à la naissance de 3 647 savants dans les 12 secteurs de la rotation de la Terre : nombres observés et calculés théoriquement selon une répartition au hasard. Comparaison des deux colonnes par la méthode du chi-carré, p = probabilité pour que les répartitions soient identiques (d'après Gauquelin [50]).

Secteurs	*Observés*	*Théoriques*
1	535	299
2	292	299
3	286	299
4	349	299
5	284	299
6	382	299
7	318	309
8	290	309
9	289	309
10	311	309
11	267	309
12	324	309

$\chi^2 = 30$, p = moins de 0,001.

culaires rendent bien compte de ces fluctuations dans toute l'œuvre de Gauquelin.

Après ces premiers résultats, les efforts portèrent sur les personnalités qui sous-tendent évidemment les carrières réussies. Pour ce faire, les 16 000 dates et heures de naissance collectées en Europe servirent à tester les « traits de caractère » pris comme « unité de base » autour de laquelle se construit la recherche. Les auteurs relèvent systématiquement les qualificatifs employés dans les biographies, nombreuses et faciles à trouver puisqu'il s'agit de célébrités.

Les mêmes types d'analyses statistiques sont réalisées. La méthode des traits de caractère appliquée aux sportifs de haut niveau montre deux choses importantes :

a) les sportifs « au moral de fer » donnent les résultats évoqués ci-dessus concernant la position de Mars ;

b) les sportifs au « moral fragile » naissent significativement moins souvent que les précédents avec Mars en secteur 1 et 4 et se rapprochent de la répartition des gens « ordinaires ». Ainsi, pour les auteurs, « la position natale de Mars est bien l'expression d'un tempérament, elle n'a que peu de chose à voir avec le destin professionnel » [50].

Les critiques et contrôles. — Devant des résultats nouveaux touchant de si près à l'astrologie sans que d'ailleurs leurs auteurs le désirent, l'opinion scientifique mondiale a réagi. N'ayant pas la possibilité de publier dans des revues officielles universitaires avec de bons « referees », M. Gauquelin affronte trois « comités » qui successivement doivent juger les découvertes : en Belgique, le « Comité belge pour l'investigation scientifique des phénomènes réputés paranormaux » créé en 1948 (« Comité Para ») ; aux Etats-Unis, le « Committee for scientific investigation of claims of the paranormal » (CSICOP), et enfin, en France, le « Comité français pour l'étude des phénomènes paranormaux » (CFEPP).

Pour des raisons difficiles à comprendre, l'étude des travaux de Gauquelin a été restreinte alors aux seuls résultats concernant la planète Mars et les sportifs : les polémiques portèrent toujours sur ce qui est désormais appelé « l'effet Mars ». Il semble que cela soit dû au fait qu'un statisticien français, J. Porte, contacté à ses débuts par Gauquelin, se soit penché sur le cas de Mars, peut-être aussi au fait que la première publication dans *Science et Vie* ait porté spécialement aussi sur cet effet[7]. Toujours est-il que c'est, dès le départ, déformer à la fois l'esprit et le contenu d'un travail beaucoup plus vaste et se priver de contrôles déjà existants.

Le comité belge refait le travail, en particulier en faisant glisser les heures de chaque secteur 9 fois afin de vérifier la méthodologie statistique : les répartitions des secteurs 1 et 4 sont donc au hasard. Les chi carrés sont calculés en comparaison avec la répartition d'origine : la probabilité est toujours bonne pour que l'effet ne soit pas dû au hasard : l'effet Mars se montre dans tous les cas. Le tableau est publié récemment par Gauquelin[8] ; il lui a été communiqué par le comité belge.

7. *Science et Vie*, Mars et le sport « agressif », une statistique étrange, mars, 1975, 54-56.

8. M. Gauquelin, Is there a Mars effect ?, *J. Sc. Exploration*, 1988, 2, 29-52.

Les relations avec le comité des Etats-Unis sont plus longues et plus complexes[9]. P. Kurtz (l'un des auteurs du manifeste antiastrologique), du comité américain CSICOP, fait appel à un statisticien, M. Zelen. Celui-ci demande à travailler sur une liste de champions sportifs et de natifs non champions nés sous le même ciel au même lieu afin de détecter une éventuelle erreur d'ordre astronomique : ce sera le « test Zelen ». La liste est évidemment plus difficile à préparer. Gauquelin réunit une population de tels champions. Le résultat est publié dans le même article[10]. 48 individus non champions possèdent Mars en secteur 1 ou 4 = 12,8 %, tandis que 66 sur 303 parmi les champions le montrent, soit 21,8 %! proportion classique affirmée dans tous les travaux des Gauquelin. L'effet Mars semble statistiquement bien confirmé.

Bien entendu, ce court résumé serein de la situation ne rend pas compte de l'acrimonie qui régna. On peut en avoir une idée dans les lignes suivantes de l'astronome français E. Schatzman au sujet de ce test : « Mon hypothèse est la suivante : est-ce que la consultation astrologique par les familles de champions et peut-être par les champions eux-mêmes n'a pas joué un rôle dans leur orientation professionnelle ? Dans ce cas, il ne s'agit plus d'influence des astres, mais de l'influence de la croyance dans les astres » [52]. Cette sorte d'argument paraît évidemment bien fallacieuse. Dans le même texte, Schatzman cherche à nier la valeur du « Zelen Test » décrit ci-dessus en affirmant que l'effet Mars ne porte que sur quelques dizaines de Parisiens, et que « l'anomalie » concernerait les naissances du 14e arrondissement. Cette remarque semble bien aller à l'encontre de l'esprit de la statistique.

Il est vrai que le comité américain a réalisé d'autres tests que celui décrit plus haut et qui étaient négatifs : l'un d'eux porte sur 408 sportifs américains (il est difficile d'obtenir les heures de naissance aux Etats-Unis). Gauquelin, consulté, a montré que les 408 sportifs n'étaient pas tous de niveau suffisant. Il a modifié l'échantillon de population en éliminant 70 individus qu'il considérait comme étant de niveau compétitif insuffisant : l'effet Mars réapparaît. Schatzman qualifie alors de « scandaleux » ce retrait [52] comme s'il s'agissait d'un trucage. Or, tôt dans ses travaux et plusieurs publications bien antérieurs, Gauquelin a montré que seuls les champions de haut niveau témoignent de l'effet Mars. Les publications des membres du comité américain à ce sujet sont beaucoup plus nuancées[11]. L'un de ses membres, R. Kammann, justifie lui-même les travaux incriminés et révèle que « des efforts personnels pour résoudre la situation conduisent à des réponses hostiles de la part du CSICOP »[12].

9. Un bon résumé de la situation semble être trouvé dans l'article de Patrick Curry, un historien Anglais qui publie : Research on the mars effect, in *Zetetic Scholar,* 1982, 6, 34-52.

10. M. Gauquelin, Is there a Mars Effect ?, *art. cit.*

11. The Abell-Kurtz. Zelen « Mars effect » experiments : a reappraisal, *The Skeptical Inquirer,* 1983, 7, 3, 77-82.

12. The true disbelievers : Mars effect drives skeptics to irrationnality, *Zetetic Scholar,* 1982, 10, 50-65.

Quant au comité français, il a annoncé en 1982, via *Science et Vie*[13], un projet de réplication des travaux en question selon une méthode exposée et en accord avec Gauquelin. Les résultats n'ont pas encore été publiés à ce jour. Dans une lettre à *Science et Vie*, Gauquelin se plaint de la lenteur des investigations et demande si le comité existe encore, n'ayant reçu aucune information en trois ans (communication personnelle). Ce retard est évidemment regrettable. Il faut espérer que les membres du comité français donneront bientôt les résultats d'une bonne réplication, annoncée « en cours » par Schatzman en 1985 [52].

Le Pr Eysenck, qui a ouvert largement le dossier dans son livre [48], conclut : « Je n'ai pas été capable de trouver quoi que ce soit de sérieusement mauvais » dans ces travaux. Il convient de l'importance des découvertes et affirme en 1988 [51] que « si les réplications sont positives, Gauquelin devrait prendre rang parmi les grands scientifiques du passé qui ont changé notre conception de l'univers ». On voit ainsi l'éventail des opinions...

Il est donc particulièrement heureux qu'un nouveau pays prenne place dans l'étude du phénomène.

Deux universitaires allemands, les Prs S. Ertel et A. Müller, ont entrepris de répéter les expériences des Gauquelin, le premier demeurant sur l'effet Mars, le second reprenant un autre domaine : les médecins avec Saturne et Mars.

S. Ertel (Université de Göttingen)[14] expérimente des populations de sportifs connus et inconnus. Il montre que l'effet Mars augmente avec la popularité reflétée par le nombre de citations dans la presse : plus un sportif est nominalement cité — donc célèbre —, plus la planète Mars tend à se lever ou à culminer à la naissance.

A. Müller (Université de Sarre) confirme aussi les recherches de Gauquelin sur la tendance prépondérante de Mars dans les groupes de médecins allemands, tandis

13. L'effet Mars est-il réel ?, *Science et Vie*, octobre 1982, 44.

14. S. Ertel, Raising the hurdle for the athletes' Mars effect : association co-varies with eminence, *J. Sc. Explor.*, 1988, 2, 53-82.

que Saturne ne semble apparaître que pour une population de médecins français[15].

Pour terminer avec les travaux de Gauquelin, il est nécessaire de préciser qu'il a testé avec les mêmes méthodes des concepts plus traditionnellement astrologiques et a publié des résultats négatifs. Déjà, les astrologues ont fait remarquer que les levers et les culminations des planètes se situent en maisons astrologiques 12 et 9, ce qui ne correspond pas aux maisons déterminantes dans la personnalité et la profession. Le problème de l'interprétation des travaux de Gauquelin en astrologie reste donc entier. Mme Gauquelin, quoique séparée, continue de travailler de son côté, et publie sa nouvelle revue l'hypothèse d'une erreur de numérotation des maisons faites par Ptolémée[16].

En ce qui concerne les signes du zodiaque, la méthode des traits de caractère confrontée à celle des signes astrologiques ne donne que des résultats négatifs [53][17] et mène à la conclusion que « l'influence des signes du zodiaque n'est pas confirmée par l'étude objective du comportement de milliers de personnes ». Gauquelin conteste ainsi fortement l'astrologie. « Bien que nous ayons obtenu, écrit-il, des faits positifs à partir d'un matériel d'apparence astrologique à l'origine, il est bien évident que ces résultats, aussi étonnants qu'ils soient, doivent s'expliquer en termes scientifiques, non en termes astrologiques[18]. »

Cependant, on ne peut nier que les traits de caractère liés, dans ces travaux, aux différentes planètes rejoignent de façon surprenante la typologie planétaire astrologique traditionnelle [54], et pourtant les astrologues de métier négligent souvent « le véritable impact de l'école astrostatique française » [55].

15. A. Müller, Lässt sich der Gauquelin Effekt bestätigen ? Untersuchungs ergebnisse mit einer Stichprobe von 1288 hervorragenden Arzten, *Z. Parapsychol.*, 1986, 28, 87-103.

16. F. Gauquelin, in *Astropsychological Problems,* 1985, 3, 3, 5-11.

17. M. Gauquelin, Zodiac and personality : an empirical study, *The Skeptical Inquirer,* 1982, 6, 57-65.

18. M. Gauquelin, *L'astrologie devant la science,* Encyclopédie revue *Planète,* Paris, 1965.

Les jumeaux. — Les analyses ci-dessus décrites concernent un seul outil astrologique : la position « angulaire » d'une planète. Manquaient donc des recherches permettant de faire fonctionner ensemble plusieurs de ces outils en se rapprochant de ce que fait un astrologue. Une démarche nouvelle aborde ce problème : elle est basée sur l'étude de 238 paires de jumeaux et valide statistiquement l'astrologie utilisée. Ce travail est publié en France sous le titre : « Astrologie : la preuve par deux » [55 *bis*] et en même temps accepté dans une revue universitaire internationale de langue anglaise après étude par son Comité de lecture *(referees)*[19].

L'expérience consiste en un premier temps, à recueillir les dates, lieux et heures respectives de naissance de jumeaux et à étudier les 476 cartes du ciel. De ces cartes sont extraites des informations psychologiques indiquées par les éléments astrologiques dominants. Une différence entre les deux jumeaux est toujours détectable car l'un est évidemment né avant l'autre. Les techniques utilisées sont variées et font intervenir les éléments du ciel et le zodiaque, avec un aspect quantitatif : par exemple, la planète Mars plus près de l'Ascendant indique un jumeau « plus énergique » que son frère « moins énergique ». Lorsque les Ascendants changent de signe, les personnalités décrites comportent respectivement les deux significations. S'ils se trouvent dans le même signe, ce qui est fréquent, une nouvelle règle est alors utilisée : le jumeau dont le degré Ascendant est le plus proche du signe voisin se voit attribuer un caractère proche de ce dernier.

Des formules psychologiques courtes sont construites et consignées dans un formulaire envoyé aux familles qui sont appelées à choisir en attribuant aux caractéristiques en question le prénom de chaque jumeau. Trois cas se présentent : les familles détectent bien : elles répondent « juste », ou elles répondent en inversant, ou encore elles refusent de répondre, ne reconnaissant rien.

Sur 238 réponses, 153 sont « justes », 65 sont « inverses » et 20 seulement « nulles ». Un calcul de probabilité montre de façon irréfutable que ces résultats ne peuvent pas être dus au hasard. Les caractéristiques psychologiques déterminées sur la base astrologique des différences de moments de naissance de

19. S. Fuzeau-Braesch, An empirical study of an astrological hypothesis in a twin population, *Personality and Individual Differences*, 1992, 13, 1135-1144.

deux jumeaux sont majoritairement et significativement reconnues par les familles de ceux-ci. Bien entendu, des réplications de cette expérience très positive sont à réaliser dans d'autres pays.

II. — La psychologie

C. G. Jung a plusieurs fois manifesté son intérêt pour l'astrologie. « Il y a beaucoup de cas d'analogies frappantes entre la constellation astrologique et l'événement psychologique ou l'horoscope et la disposition caractérologique », dit-il, « on peut attendre avec un degré assez haut de probabilité qu'une certaine situation psychologique bien définie soit accompagnée par une configuration astrologique analogue. L'astrologie consiste en configurations symboliques comme l'inconscient collectif dont la psychologie s'occupe »[20].

Dans le même sens, A. Barbault en France développe la thèse selon laquelle « dans l'étude de l'inconscient, les astres apparaissent comme un reflet de l'homme, de ses tendances, de ses complexes »[56].

Rudhyar aux Etats-Unis publie un travail d'esprit comparable situé entre la psychologie freudienne, le behaviourisme et la psychologie « humaniste ». Le complexe naît d'une approche négative de la vie ; il n'y a pas d'influence a priori maléfique ou bénéfique en astrologie ; celle-ci ne permet pas de déterminer les complexes mais les crises psychologiques, lesquelles peuvent donner lieu à des complexes [57].

L'astrologie est vue par différents auteurs comme un guide pour l'action[21] ou comme une thérapie contre l'anxiété[22].

Extraversion-introversion. — L'école Anglaise a testé en 1978 avec Eysenck une des hypothèses

20. *In* CIA, *Astrologie moderne,* 1954, 12, 2-4.
21. T. S. Tyagi, Astrology and mental health, *J. of person. and clinic. Studies,* 1987, 3, 63-66.
22. R. S. Perinbanayagam, Self, other and astrology, *Psychiatry,* 1981, 44, 69-79.

traditionnelles de l'astrologie : les signes zodiacaux solaires sont alternativement masculins, spontanés et actifs, ou féminins, retenus et passifs, autrement dit extravertis et introvertis. Deux populations, l'une de 917 hommes, l'autre de 1 407 femmes, sont testées par le EPI (Eysenck Personnality Inventory) qui permet de calculer quantitativement des moyennes de scores d'extraversion.

Les résultats sont en accord avec l'hypothèse astrologique, montrant des pics d'extraversion pour chaque signe impair[23]. Eysenck lui-même analyse finement ce résultat nouveau et n'exclut pas l'éventualité d'une influence de la connaissance de leur signe solaire par certaines personnes testées.

Ici commence une longue série de discussions sur l'auto-influence des sujets dans toutes les expériences réalisées à ce jour. Il est certain que tout type d'investigation basée sur des interrogations est très délicat à réaliser.

Quatre réplications de ce travail ont donné des résultats négatifs, deux au Canada[24, 25], un en Grande-Bretagne[26] et le dernier en Afrique du Sud[27] pour lequel apparaît dans l'échelle d'extraversion une différence liée aux saisons, les sujets nés en été étant plus extravertis. Par contre, un récent travail réalisé en Hollande sur des données d'une enquête étrangère à l'astrologie et comportant un nombre important de sujets confirme les conclusions de Mayo, White et

23. J. Mayo, O. White, H. J. Eysenck, An empirical study of the relation between astrological factors and personality, *Social. Psychol.*, 1978, 105, 229-236.

24. I. W. Kelly, D. H. Saklofske, Alternative explanations *in* science. The extroversion — introversion astrological effect, *The Skeptical Inquirer*, 1981, 5, 33-37.

25. D. H. Saklofske, I. W. Kelly, D. W. Mc Kerracher, An empirical study of personality and astrological factors, *J. Psychol.*, 1982, 110, 275-280.

26. J. Russell, G. F. Wagstaff, Extroversion, neuroticism and time of birth, *British J. Soc. Psychol.*, 1983, 22, 27-31.

27. D. P. Fourié, Self attribution theory and the sun-sign, *J. Soc. Psychol.*, 1984, 122, 121-126.

Eysenck : les signes impairs sont significativement plus extravertis que les pairs (analyse ANOVA)[27bis].

Il faut néanmoins remarquer que pour un bon astrologue, une expérience basée sur le simple signe solaire de naissance n'a que peu de chances de réussir : nous avons noté dans le chapitre I les nombreuses composantes prises en compte dans l'analyse psychologique d'un ciel de naissance ; le hasard d'échantillonnage des populations peut faire que l'influence du signe solaire n'apparaisse pas, masqué par d'autres composantes plus importantes, telles les planètes en angle.

C'est ainsi que l'on peut expliquer le résultat apparemment positif observé récemment, non plus sur les signes solaires mais sur les positions des planètes en secteurs clefs (1 et 4) de Gauquelin. Selon les critères d'analyse de la personnalité de Eysenck appliqués à des populations de scientifiques, sportifs et acteurs français : Saturne pour les introvertis, Mars et Jupiter pour les extravertis se lèvent ou culminent plus souvent que ne le veut le hasard[28]. Le travail a été répété par les mêmes auteurs avec une population de professionnels américains : le résultat est identique[29].

Les métiers. — Une très vaste enquête a été rapportée dans le journal Anglais *The Guardian* du 19 au 22 Mars 1984. L'auteur, A. Smithers[30], étudie la relation entre le signe solaire et les métiers de 1 461 847 hommes et 842 799 femmes. Les déterminations de métiers astrologiquement les plus prévisibles sont obtenues de 15 astrologues. L'auteur trouve

27 *bis*. J. F. Van Rooij, M. Brak et J. F. Commandeur, Introversion-extraversion and Sunsign, *J. Psychol.*, 1988, 122, 275-278.

28. M. Gauquelin, F. Gauquelin, S. B. G. Eysenck, Personality and the position of the planets at birth : an empirical study, *British J. Soc. and Clin. Psychol.*, 1979, 18, 71-75.

29. M. Gauquelin, F. Gauquelin, S. B. G. Eysenck, Eysenck's personality analysis and position of the planets at birth : a replication on american subjects, *Person. Indiv. Diff.*, 1981, 2, 346-350.

30. Chef du Département d'Education à l'Université de Manchester.

ici une corrélation entre les deux séries de données. L'année suivante, le *Skeptical Inquirer*[31] publie une contestation de ce travail évoquant l'influence des saisons, la « self-selection » et la « self-attribution ». Le problème avait déjà été évoqué par Eysenck [48].

D'autres travaux n'avaient trouvé aucune relation entre saisons de naissance et métiers au sein d'une population d'Afrique du Sud[32], tandis qu'au contraire les officiers de l'armée (Grande-Bretagne et Etats-Unis) semblent bien naître davantage en été et en automne[33]. On peut donc difficilement conclure.

Epreuve de l'astrologie généthliaque selon la méthode des tests psychologiques. — Les tests quantitatifs de personnalité sont nombreux mais d'un emploi toujours délicat. Il est néanmoins tentant de confronter objectivement les résultats d'une analyse psychométrique avec ceux de l'analyse typologique réalisée par l'astrologie. Plusieurs auteurs se sont attachés à cette tâche.

Tyson en Afrique du sud[34] utilise le SAPQ (South African Personality Questionnaire) et Carlson aux Etats-Unis le CPI (Californian Personality Inventory, comportant 480 questions).

Tyson considère un groupe de 15 étudiantes accompagnées de 15 autres personnes de leur proche entourage. Chacune reçoit un lot de 5 horoscopes (textes de 2 000 mots) dont l'un est le sien propre. 2 sujets et 3 proches identifient correctement leurs textes. Les autres ont tendance à identifier comme leurs les

31. G. A. Dean, I. W. Kelly, J. Rotton, D. Saklofske, « The Guardian » astrology study : a critique and reanalysis, *The Skeptical Inquirer,* 1985, 9, 327-338.

32. G. A. Tyson, Occupation and astrology or season of birth : a myth ?, *J. Soc. Psychol.,* 1980, 110, 73-78.

33. H. J. Cooper, A. G. Smithers, Birth patterns among american army officers, *J. Soc. Psychol.,* 1975, 61-66.

34. G. A. Tyson, An empirical test of the astrological theory of personality, *Person. Indiv. Diff.,* 1984, 5, 247-250. Cette recherche fait partie d'un travail réalisé pour l'obtention du titre de Doctor of Philosophy.

horoscopes « favorables ». De son côté, l'astrologue ne parvient pas à prédire le score du test. L'auteur conclut : « le fait que les sujets et les proches furent incapables d'identifier les horoscopes des sujets suggère que les horoscopes ne sont ni exacts ni spécifiques ». Quant à l'échec des astrologues, il correspondrait à l'incapacité de réaliser une analyse correcte. Il faut cependant remarquer que la population étudiée est très petite pour un travail si ambitieux et dès l'abord difficile ; le « peu de validité de l'astrologie » — déduction de l'auteur — paraît hâtif. Il est vrai qu'il conclut : « malgré la bonne réputation de l'astrologue, d'autres astrologues peuvent être meilleurs ».

Un peu différente est l'expérience de Carlson[35]. Son organisation méthodologique est remarquable par sa rigueur : l'analyse caractérologique par astrologie est réalisée sur ordinateur. Les expériences sont conduites en double aveugle, avec l'accord des deux communautés, scientifique (supervision par un professeur de physique de Berkeley, A. Müller) et astrologique (accord du National Council for Geocosmic Research).

Deux parties à l'expérience : *a)* chaque sujet doit choisir son thème natal parmi 3 reçus, le sien et 2 autres tirés au hasard dans le groupe, et attribuer un score d'une échelle de 1 à 10 ; *b)* les astrologues sont mis devant 1 thème et 3 CPI, même choix à faire avec une échelle de 1 à 10. Pour *a)*, les étudiants hostiles ou ayant déjà vu leur thème avant l'expérience sont éliminés ; il reste à la fin 83 individus testés. Pour *b)*, 224 données sont fournies à 28 astrologues, il reste à la fin de l'expérience 116 sujets.

Malheureusement, les résultats ne sont pas à la hauteur de la préparation expérimentale : les étudiants ne reconnaissent pas plus leur thème que leur CPI ; les astrologues ne trouvent pas les CPI correspondants aux thèmes soumis : il semble qu'il y ait incompatibilité de langage. Mais aussi et surtout, si les individus ne

35. S. Carlson, A double-blind test of astrology, *Nature*, 1985, 318, 419-425.

reconnaissent ni leurs thèmes, ni leurs CPI, il faut s'attendre bien évidemment à une mauvaise détection de la part des astrologues. L'auteur lui-même écrit avec juste raison : « Il n'existe actuellement aucune évidence scientifique d'où l'on pourrait conclure que des sujets peuvent sélectionner de façon exacte les descriptions d'eux-mêmes à un niveau significatif » Analysant ce travail, H. J. Eysenck[36] suggère « qu'aucune conclusion ne peut en être tirée » et regrette l'absence de psychologues dans l'expérimentation car, écrit-il, « tester l'astrologie est un domaine complexe et difficile, comme en vérité tous les domaines relevant de variables psychologiques ».

Pourtant Carlson conclut, au grand étonnement du lecteur objectif. « Les expériences réfutent clairement l'hypothèse astrologique ».

Le public est-il naïf ? — Si l'astrologie connaît actuellement une aussi grande renaissance, c'est bien parce qu'elle est perçue comme vraie par beaucoup de gens. Nombre de travaux ont analysé le processus de confiance accordée à différents aspects de l'astrologie. Nous en citerons quelques-uns.

Une aventure particulièrement longue est celle d'un test de M. Gauquelin en 1968, au début de l'utilisation des ordinateurs en astrologie. L'auteur fait paraître le résultat de ce test dans *Science et Vie*[37], (voir aussi [58 et 53]).

Résumons ce travail : une annonce de journal dans *Ici-Paris* : « Totalement gratuit, votre horoscope ultrapersonnel, un document de 10 pages... Envoyez nom, adresse, date et lieu de naissance à Astral-électronique » — suivait l'adresse personnelle de l'auteur. A chaque correspondant — quelque 150 écrit-il —, il expédie le même texte : celui obtenu

36. H. J. Eysenck, Critique of « A double-blind test of astrology », *Astropsychol. Problems,* 1986, 4, 7-8.

37. M. Gauquelin, L'astrologue paré de l'IBM, *Science et Vie,* août 1968, 80-89.

d'Astroflash pour le grand criminel Dr Petiot, accompagné d'une enveloppe timbrée pour la réponse et d'un texte demandant l'avis du correspondant ainsi qu'une lettre contenant la phrase suivante : « Dans le cas très probable où vous aurez été satisfait de votre horoscope, Astral-électronique espère... fournir dans quelques mois un horoscope encore plus complet... Cet horoscope, toujours totalement gratuit, comprendra la prévision de votre avenir pour 10 ans. » Pas très étonnant, avec cette promesse, que « plusieurs dizaines de témoignages totalement positifs » aient été reçus, avec, dit l'auteur, 94 % de réponses positives et, dans sa conclusion, « 9 personnes sur 10 ». Il manque évidemment à cette expérience le sérieux scientifique et la précision des chiffres. (Le sociologue tiendrait aussi sans doute compte du profil des lecteurs d' *Ici-Paris.)*

Si nous mentionnons ici en détail ce test, c'est qu'il se trouve cité depuis dans de nombreux textes sous la dénomination de « test Petiot » sans jamais aucun retour aux sources, tant par les astrologues « antiordinateurs » [46] que par les sociologues [37], le dictionnaire Larousse [1], la plume de l'astronome E. Schatzman [52] contre la valeur de l'astrologie. Personne, pas même l'auteur, n'a publié le texte du thème en question, sauf des fragments montrant sa contradiction avec la criminalité, tel que « cet être vénusien est baigné d'une sensibilité océanique » — texte sortant lorsque la planète Vénus est angulaire, mais en omettant d'autres fragments pouvant être plus en rapport avec la sinistre personnalité du criminel tel que « la mort est susceptible de prendre place comme élément déclencheur de destinée » (Lune en maison 8), etc.

Il est évident que l'ensemble de cette histoire n'est pas sérieuse : Gauquelin lui-même ne voulait pas en faire une étude scientifique approfondie. Elle avait un ton polémique qu'elle garde dans toutes ses citations : rien ne peut être conclu. On peut seulement regretter que des auteurs sérieux la cite de façon sérieuse...

Par contre, la méthode consistant à distribuer un texte astrologique identique à des sujets expérimentés se trouve dans bon nombre de protocoles universitaires. Citons le travail de Snyder[38] montrant qu'un même texte est mieux accepté s'il est donné sur la base de précisions dans les moments de naissance des sujets. De même pour le travail de Stachnik[39]. Malheureusement, les effectifs de ces expériences sont très faibles (lots de 21 et 18 sujets), et une réserve doit être faite concernant des contrôles toujours manquants : aucun astrologue ni psycholoque n'étudie la composition des profils réels des sujets qui peuvent, au hasard, montrer une proportion d'individus se rapprochant des textes soumis.

La mise à jour de ce problème par Tyson[40] et une plus récente publication de Glick et Snyder[41] permettent, semble-t-il, de conclure néanmoins à un facteur réel de « naïveté » dans l'attitude des lecteurs d'astrologie — naïveté qui assurément ne doit pas être cantonnée à ce seul domaine.

III. — La biologie

Le domaine biologique est éminemment concerné car affirmer une influence du ciel astral de naissance est évidemment ajouter un nouveau déterminisme aux deux admis aujourd'hui : le déterminisme génique *via* l'information chromosomique et le déterminisme environnemental (physique et socio-culturel) participant à l'ontogenèse de chaque être humain au cours de l'élaboration de son phénotype.

Contrairement aux assertions de quelques astrolo-

38. C. R. Snyder, Why horoscopes are true : the effect of specificity on acceptance of astrological interpretations, *Clinic Psychol.*, 1974, 30, 577-580.
39. T. Stachnik, B. Stachnik, Acceptance of non-specific astrological personality descriptions : an empirical demonstration, *Psychol. Reports*, 1980, 47, 537-538.
40. G. A. Tyson, Why people perceive horoscopes as being true : a review, *Bull. Br. Psychol. Soc.*, 1982, 35, 186-188.
41. P. Glick, M. Snyder, Self-fulfiling prophecy : the psychology on belief in astrology, *The Humanist*, 1986, 46, 3, 20-25.

gues non scientifiques, il n'existe actuellement aucune explication scientifique d'un mécanisme de détermination astrologique.

L'hérédité. — Il est donc particulièrement intéressant de considérer ici le seul travail touchant à ce domaine : celui de Gauquelin sur l'hérédité astrale.

L'idée d'une telle hérédité avait déjà été avancée par Choisnard, mais les preuves numériques de cette époque n'ont pu être vérifiées par la suite [39].

« L'enfant aurait tendance à venir au monde, écrit Gauquelin [50], à certaines heures de la journée pendant lesquelles les influences planétaires activeraient les phénomènes de sa naissance. Si tu es né au lever de Mars, ce n'est pas un hasard. Tu possèdes un tempérament actif, courageux, dynamique. Le moment de ta naissance étant arrivé, ton organisme a réagi de préférence aux effets produits par cet astre. Tu as hérité de tes parents la tendance à naître de préférence après l'horizon ou le méridien de Mars comme on hérite d'yeux bleus ou de cheveux blonds... Tes parents avant toi ont dû naître de préférence lorsque Mars franchissait l'horizon ou le méridien. Tout au moins, celui de tes parents dont tu as hérité le tempérament actif, courageux, dynamique. »

Pour tester l'éventuelle similitude planétaire plus grande entre parents et enfants qu'entre personnes sans lien de parenté, un travail statistique sur 25 000 données de naissances précédant 1945 est effectué. L'effet le plus marqué est obtenu avec la Lune, Vénus et Mars, il existe mais moins net avec Saturne et Jupiter, il est nul avec Mercure et les planètes lointaines. Ces résultats seraient en accord avec le fait que, d'après certains, c'est l'enfant qui, par un mécanisme hormonal, déclenche sa naissance.

De plus, une très curieuse observation donne la tentation de relier les effets observés avec l'activité du Soleil. En effet, l'intensité de l'effet héréditaire dépend de l'agitation magnétique terrestre : les positions clefs sont d'autant plus héritées des parents que les naissances se produisent un jour magnétiquement perturbé [53, 59, 60].

Bien entendu, dans cet ensemble de vues, il est facile de comprendre que l'auteur s'aperçoit de l'effet perturbateur des techniques obstétriques modernes permettant le déclenchement et le contrôle de l'accouchement : les effets planétaires héréditaires disparaissent.

Du point de vue du/des mécanismes en jeu, on ne fait évidemment là que reculer le problème mais ses vues audacieuses ont l'avantage de tenter un premier pont entre déterminisme astral et génétique.

Nous sommes loin ici des conceptions astrologiques classiques selon lesquelles l'être humain, au moment de sa naissance, naturelle ou non, recevrait des chocs extrêmement violents qui continueraient d'agir pendant toute la vie sous forme d'expériences cosmiques [26].

Cependant cette hérédité astrale ne paraît pas être confirmée par des réplications récentes effectuées par M. Gauquelin lui-même[42], [43]. Bien que les expériences de 1984 portent sur de grandes populations, il semble, d'après l'un des deux auteurs des premières expériences, Mme F. Gauquelin, que les effets ne soient pas mis en évidence si la collecte des données n'est pas correcte et comprend trop de naissances non naturelles[44]. Il semble cependant que l'expérience sur les jumeaux relatée ci-dessus donne des résultats positifs avec des naissances non naturelles.

Ce problème très fondamental reste donc ouvert : on ne peut que souhaiter de nouvelles recherches.

Le photopériodisme. — L'astrologie en général et le zodiaque en particulier sont fondés à l'origine sur les changements saisonniers de l'hémisphère Nord : il

42. M. Gauquelin, *Nouvelle étude de l'hérédité planétaire avec 50 000 données familiales, nouvelle série de données de naissance*, vol. 2, Paris, *Lab. étud. rel. rythm. cosm. et psychol.*, Paris, 1984.

43. M. Gauquelin, An heredity experiment : a computer re-analysis and new investigation on the same material, *Correlation*, G.-B., 1984, 4, 8-24.

44. F. Gauquelin, Comments, *Astropsychol. Problems*, Paris, 1985, 3, 2, 35-42.

nous faut prendre en considération une voie de recherche qui consiste à détecter des relations entre le devenir humain et l'évolution annuelle de l'alternance photopériodique.

Rappelons que la photopériode est le rapport entre les durées du jour et de la nuit. Ces durées varient cycliquement avec la date et le lieu. Une abondante littérature, sortant du cadre de cet ouvrage, concerne le rôle de « signal » de la durée du jour pour un grand nombre de phénomènes biologiques chez les animaux, Vertébrés comme Invertébrés.

Notons tout d'abord l'existence de travaux déjà anciens liant l'influence des saisons et l'intelligence mesurée à l'aide de QI dans les deux hémisphères[45, 46].

D'une façon plus explicite, des auteurs plus récents se rapprochent davantage de l'étude des thèses astrologiques en considérant différents aspects de la personnalité. Il n'y a pas de relation entre saison de naissance et féminité (testée par le California Psychological Inventory)[47] ni avec divers autres aspects testés aussi psychométriquement[48]. Tout en constatant que les tests sont négatifs, il ne faut pas oublier la difficulté d'utilisation déjà évoquée des interrogatoires psychométriques.

Quelques astrologues ont tenté de reconsidérer le zodiaque sous l'angle photopériodique : leur tentative est méritoire car elle représente un effort pour créer une astrologie tenant compte de certains acquis de la science actuelle.

Rudhyar, aux Etats-Unis, dès 1943 écrit « Puisque nous essayons de reformuler l'astrologie en termes du plus simple commun dénominateur de l'expérience

45. J. E. Orme, Intelligence, season of birth and climatic temperature, *Brit. J. Psychol.*, 1963, 273-276.

46. P. J. M. McEwan, Climat and intelligence, *Brit. J. Soc. Clin. Psychol.*, 1965, 8-13.

47. G. A. Tyson, Astrology or season of birth, a « split-sphere » test, *J. Psychol.*, 1977, 285-287.

48. U. Hentschel, M. Kiessline, Season of birth and personality : another instance of non-correspondence. *J. Soc. Psychol.*, 1985, 125, 577-585.

humaine, nous appellerons "force de jour" et "force de nuit" les deux forces cosmiques en constant échange durant le cycle annuel. Ces appellations se trouvent non seulement en accord avec la plus ancienne terminologie astrologique, mais elles rappellent également le cycle sans cesse en évolution de la longueur des jours et des nuits » Sur la base de cette définition, l'auteur reconstitue la description des 12 signes du zodiaque [61].

Plus étayé encore est le travail de l'astrologue J.-P. Nicola qui construit un système cohérent à partir de la typologie de Pavlov [62].

Il pose au départ la double notion de :

— jour = excitant positif = excitation;
— nuit = excitant négatif = inhibition,

d'où découle la caractérisation des 4 saisons, soit :

— printemps = croissance du jour= vitesse d'excitation;
— été = décroissance du jour = lenteur d'excitation;
— automne = croissance de la nuit = vitesse d'inhibition;
— hiver = décroissance de la nuit = lenteur d'inhibition;

et, pour utiliser les signes F, V et L (force, vitesse et lenteur) des types de Pavlov, les saisons deviennent globalement :

— printemps = F +, V + ;
— été = F −, L + ;
— automne = F +, V − ;
— hiver = F −, L −.

Enfin, pour passer des 4 saisons aux 12 signes du zodiaque, l'auteur considère successivement :

— les signes voisins des équinoxes : Bélier, Balance, Vierge et Poissons = phase « égalitaire » de Pavlov;

— les signes voisins des solstices : Cancer, Capricorne, Sagittaire et Gémeaux = phase « ultra paradoxale » ;
— les signes intermédiaires = phase « paradoxale ».

Ainsi 12 formules clefs vont permettre de reconstruire les typologies zodiacales photopériodiques selon l'optique neurophysiologique pavlovienne soit :

— Bélier : F+, V+, phase égalitaire ;
— Taureau : F−, V+, — paradoxale ;
— Gémeaux : F+, V+, — ultraparadoxale ;
— Cancer : F−, L+, — ultraparadoxale ;
— Lion : F+, L+ , — paradoxale ;
— Vierge : F−, L+, — égalitaire ;
— Balance : F+, V−, — égalitaire ;
— Scorpion : F−, V−, — paradoxale ;
— Sagittaire : F+, V−, — ultraparadoxale ;
— Capricorne : F−, L−, — ultraparadoxale ;
— Verseau : F+, L−, — paradoxale ;
— Poissons : F−, L−, — égalitaire

d'où les dénominations de « zodiaque réflexologique » et d'« astrologie conditionnaliste » données par leur auteur à ces systèmes [62 *bis*]. **Outre une nouvelle théorie, il y a ici une tentative pour réaliser un carrefour science-astrologie. Tous les astrologues n'en comprennent pas la nécessité.**

IV. — L'astronomie et la physique

C'est dans ce domaine que la confrontation de l'astrologie et de la science s'avère la plus difficile. En effet, il existe une telle disproportion entre les connaissances actuelles en astronomie et en astrophysique et le « petit » système planétaire vu par les astrologues depuis des siècles que c'est presque une gageure d'en proposer l'étude [63, 64].

En quelques décennies, les sondes spatiales, les *Explorer*, *Pionneer*, *Voyager*, *Giotto*, *Vega*, rendent d'immenses services à la connaissance rapprochée de ce système planétaire . Mais les précisions demandent encore à être augmentées : des sondes *Pioneer 10* et *11* lancées en 1972 et 1973 n'attend-on pas des renseignements sur les perturbations inexpliquées des orbites d'Uranus et de Neptune, lesquelles pourraient être causées par une nouvelle planète ? L'orbite de la Lune elle-même n'est-elle pas si compliquée que l'observatoire du CERGA (A.-M.) l'étudie actuellement grâce au laser ? La planète Saturne ne s'est-elle pas révélée un système complexe à elle seule ?

L'astrophysique tout particulièrement a enregistré depuis un passé récent des progrès extraordinaires — étude du Soleil en termes thermonucléaires — étude de notre galaxie et ses 150 milliards d'étoiles parmi lesquelles beaucoup semblent des Soleils possibles — découverte de la galaxie la plus lointaine, située, estime-t-on, à 15 milliards d'années-lumière de nous. Voilà de quoi nous situer, nous et notre vieille astrologie.

Nous la tenterons quand même, cette gageure, en prenant, entre autres, l'exemple de travaux permettant d'imaginer un mécanisme d'influence des planètes sur la Terre — souvent cités par des astrologues —, en considérant aussi quelques rares travaux d'astrologues tentés d'« actualiser » l'astrologie.

Les travaux de Nelson. — Les ondes courtes radio (HF : *high frequency*) subissent des perturbations suivant l'état de l'ionosphère terrestre en relation avec les taches solaires. Le puissant réseau américain RCA (Radio Corporation America) décida en 1946 d'entreprendre une étude poussée du phénomène grâce à une centaine de stations réparties à travers le monde et confia la mission à un ingénieur, John Nelson, qui y travailla jusqu'à sa retraite en 1968. De nombreux articles et deux livres relatent ses découvertes [65].

Pour Nelson, le cycle des taches solaires est corrélé avec le mouvement des planètes *via* les forces gravitationnelles, non sur le Soleil lui-même, mais sur l'atmosphère instable électrifiée qui l'entoure. C'est de la position respective des différentes planètes que dépend donc la perturbation des ondes radios sur Terre. Nelson a pu ainsi souvent prédire à l'avance les jours favorables et les dates de perturbations.

Ce travail, qui intéressa très tôt les astrologues, favorise évidemment la croyance en l'influence des positions planétaires sur des événements terrestres, *via* les taches solaires. Il rejoint les observations de Gauquelin sur la liaison entre les phénomènes d'hérédité planétaires et le magnétisme terrestre.

Eysenck s'est longuement penché sur ce travail et a mené une enquête, y compris auprès de Nelson [48]. Il constate que les astronomes « ont été incapables de donner une évaluation détaillée (de ce travail) » et le jugement final demeure peu clair. Peut-être Nelson a-t-il eu le tort de publier chez les astrologues, et pourquoi l'a-t-il fait ? Pour les astronomes d'aujourd'hui, les taches solaires résultent d'un mécanisme thermonucléaire endogène. Et pourtant

D'autres recherches mènent à des idées analogues. M. Treillis, de l'observatoire de Nice, a montré que « la naissance des centres actifs (des taches solaires est) directement influencée par les positions planétaires ». Pour lui, « les influences planétaires introduisent une modulation d'une activité ayant une origine spécifiquement solaire. Rien, en effet, n'indique qu'un phénomène aussi complexe que le cycle undécennal et toutes ses manifestations dépende d'une cause unique ». Il conclut « qu'il existe une relation entre la géométrie du système solaire et les naissances des centres d'activité sans préjuger en aucune manière des causes réelles du phénomène observé ou des processus physiques mis en jeu »[49]. Après sa retraite, personne en France ne paraît avoir poursuivi cette voie de recherche. Par contre, des travaux anglo-saxons décrivent à nouveau des observations similaires.

49. M. Treillis, Influence de la configuration du système solaire sur la naissance des centres d'activité, *CR Acad. Sc.*, Série B, Paris, 1966, 376-377.

K. D. Wood aux Etats-Unis étudie la relation entre les marées planétaires sur le Soleil et le nombre de taches[50]. Il décrit une étroite corrélation entre le cycle des taches et celui des marées planétaires lié aux positions des différentes planètes, y compris la Terre, autour du Soleil. Cela permet de prédire les futurs maxima de taches solaires autrement qu'en s'en tenant à la moyenne de 11,1 ans.

Citons enfin J. Gribbin qui reprend ce travail et établit un parallèle entre taches solaires et changements climatiques[51].

N'oublions pas, dans ce domaine de la recherche des influences planétaires sur Terre, que certaines planètes possèdent un rayonnement propre : les émissions radio de Jupiter sont analysées à l'observatoire de Nançay (Cher).

Les tentatives des astrologues. — « L'astrologie a besoin, à l'évidence, d'une nouvelle théorie », affirme Y. Lenoble[52], et il constate que « la plupart (des astrologues) font preuve d'une méconnaissance de l'astronomie et de la science à faire frémir ». C'est pourquoi il passe en revue tous les problèmes astrologiques nécessitant à ses yeux une actualisation : nature des planètes, confrontation avec l'héliocentrisme, signification des ellipses, etc.

P. Heckel [66] utilise des données relatives à chaque planète et fait émerger la symbolique des astres de ces considérations objectives. Pour donner un exemple : « Saturne, par sa masse, sa lenteur, la relative stabilité de sa tension gravitationnelle se rapproche de Jupiter. Par contre, l'inclinaison de son axe en sens contraire de celui de la Terre et son énorme anneau font que la planète... intercepte le flux électromagnétique composé qui, du centre de la galaxie et du Soleil, se

50. K. D. Wood, Sunspots and planets, *Nature*, 1972, 240, 91-93.

51. J. Gribbin, Planetary alignments, solar activity and climatic change, *Nature*, 1973, 246, 453-454.

52. Y. Lenoble, *L'astronomie, base de l'astrologie*, ARRC, Document n° 2, Paris, 1978.

dirige vers la Terre... Ainsi, l'influence de Saturne est toujours privative d'énergie, de vitalité. » Autre exemple : « Jupiter présente toujours à peu près la même intensité lumineuse. Sa lumière nous est réfléchie par un disque dont le diamètre équivaut à onze diamètres terrestres, et son axe de rotation est pratiquement droit... Traduit en comportement humain, cela donne une largeur, une ampleur, une grande aisance de mouvement et d'expression... »

Spéculations certes, dans cette œuvre, mais effort pour tenir compte de données astronomiques.

J.-P. Nicola construit un système cohérent à partir des distances des planètes au Soleil. Ce système est complexe et va bien au-delà des données astronomiques. Cependant, nous ne pouvons pas manquer de le mentionner car il agite actuellement le milieu astrologique.

Reprenant trois vocables philosophiques courants, l'auteur classe les planètes en fonction de leur distance au Soleil en trois groupes [24, 62, 67] :

— Représentation (R) : Soleil, Mercure, Vénus ;
— Existence (E) : Mars, Jupiter, Saturne ;
— Transcendance (T) : Uranus, Neptune, Pluton ;

la Lune étant considérée hors du système élaboré.

Ensuite, dans chaque groupe de 3 planètes, défini par les majuscules R, E et T, une minuscule des mêmes lettres caractérise plus finement la planète dans sa tendance secondaire. Il construit ainsi un tableau :

	r	*e*	*t*
R	Soleil	Vénus	Mercure
E	Jupiter	Mars	Saturne
T	Uranus	Neptune	Pluton

Vénus sera ainsi « l'existence de la représentation », etc. La nature astrologique des planètes est ainsi reconstruite. De grande cohérence interne une nouvelle technique est élaborée : elle hiérarchise les planètes dans un thème, des « fonctions » sont qualifiées de fortes ou faibles suivant la lettre correspondante (RET ou ret) et interprétées. Un diagramme du « système RET » tracé circulairement visualise de façon commode le profil de l'individu selon ses tendances ou ses manques.

Bref, théorisation sur des bases astronomiques au départ, certes, mais effort surtout de renouvellement et de modernisation de la formulation de l'astrologie.

Problème des pôles et de l'hémisphère Sud. — Ce sont parfois des problèmes peu clairs pour les astrologues.

Dans les régions circumpolaires, les domifications sont difficiles. Pendant des mois, un grand nombre de planètes ainsi que le Soleil restent sous l'horizon. Il est évident que l'astrologue peut fort bien analyser un thème de ces régions, à condition de considérer principalement les positions et les aspects des planètes entre elles.

Quant à l'hémisphère Sud : l'astrologie est fille du Nord, on le sait. « La pratique astrologique, écrit Heckel [66], a finalement établi que sous toutes les latitudes — Nord ou Sud — les planètes, au même moment, doivent être placées dans les mêmes signes. Cela ébranle, d'après lui, la notion d'un zodiaque saisonnier *stricto sensu* en généralisant tout autour du globe les significations qu'on lui a toujours prêtées dans l'hémisphère Nord ». Heckel a recours à une explication d'ordre géographique en rapport avec la nature des surfaces des deux hémisphères. Le Nord comprend les quatre cinquièmes des terres émergées, le Sud est majoritairement maritime, ce qui expliquerait les contrastes climatiques et les saisons plus marquées dans le Nord. En fait, pour ce qui concerne le zodiaque *tropique* (voir p. 7), il est nécessaire de comparer les distances en jeu : le rayon de la Terre, 6 400 km, est très faible par rapport à la distance moyenne Terre-Soleil de 149 millions de kilomètres. Il en résulte que la position zodiacale est approximativement la même pour tous les points de la sphère terrestre, Nord ou Sud, équatoriaux ou polaires. Sans doute Lenoble[53] a-t-il raison d'écrire « L'astronomie était jadis la base de l'astrologie. Elle doit le redevenir. »

Le magnétisme. — Un astronome anglais, P. Seymour [51 *bis*], a récemment élaboré une théorie complexe mettant en jeu le magnétisme terrestre et qui tente pour la première fois de concilier phénomènes astrologiques et connaissances scientifiques. De nombreux travaux démontrent en effet, de plus en plus, la sensibilité magnétique des organismes vivants (voir par exemple F. Gillard[54]. Il semble bien qu'il y ait là une voie prometteuse.

V. — Le rationalisme militant contre l'astrologie

Le 15 décembre 1970, à la suite de l'émission journalière de consultation astrologique de Mme Soleil sur Europe 1, l'Union Rationaliste rédige une lettre ouverte au directeur du poste y dénonçant les « conséquences inquiétantes et dangereuses que représentent ces émissions ». On peut voir dans ces lignes un condensé des positions que les sociologues qualifient de « rationalisme militant » antiastrologique [37].

« ... L'astrologie, comme toutes les fausses sciences, conserve et développe dans la société moderne ce qu'on croyait en voie de disparition : le vieil esprit magique, expression figée d'une pensée archaïque, devenue stérile... les consultants... sont victimes de l'astrologie qui exploite leur crédulité et leur fait accepter les affirmations (prétendues scientifiques) les moins plausibles. Cette méthode leur enseigne à refuser l'objectivité, l'esprit critique, la réflexion personnelle... Les exemples désastreux ne manquent

53. Y. Lenoble, *L'astronomie, base de l'astrologie, op. cit.*

54. F. Gillard, La perception de l'information temporelle à partir du champ magnétisme terrestre, in *Rythmes biologiques. From Cell to Man, Biological Rhythms*, J. Beau et J.-F. Vibert, Ed. Polytechnica, Paris, 1993.

pas... et le public, préférant le "mystérieux" facile aux incertitudes d'accès difficile, se nourrit de ces billevesées. Il s'agit d'élever des hommes et des femmes au niveau de leur temps... Que leur offrez-vous à cet effet ? Vous leur offrez ce condensé de sottises et de mensonges : l'horoscope... Nous espérons que, mieux averti, vous mettrez fin à ce qu'il ne faut pas craindre d'appeler une escroquerie morale. »

Dans ce texte se trouvent les deux idées directrices de la position de l'Union Rationaliste envers l'astrologie. La première concerne la critique faite au nom de la science réelle, objective et expérimentale, la seconde se rapporte au côté moral de l'existence de l'astrologie : on n'a moralement pas le droit de tromper ses semblables. Scientifiquement et moralement inacceptable, l'astrologie doit être énergiquement combattue.

Un certain nombre de publications développent ces thèmes, en particulier dans les *Cahiers rationalistes* sous les plumes de E. Schatzman et J.-C. Pecker[55] auxquels il faut ajouter un texte du premier dans un livre récent déjà cité [52]. Les différents arguments scientifiques — manque de preuves, statistiques non démontrées, disproportion entre assertions astrologiques et connaissances astronomiques, etc. — ont déjà été abordés dans cet ouvrage. Nous n'y reviendrons pas. Disons qu'ils sont largement développés dans ces textes mais avec un ton polémique et sarcastique particulier (les sornettes pseudoscientifiques que débitent les astrologues...) décourageant *a priori* toute étude qui se voudrait scientifique de l'astrologie. A ce sujet, E. Schatzman écrit d'ailleurs que « l'astrologie n'est pas du domaine de la preuve » [52], affirmant ainsi clairement qu'elle n'est pas même susceptible

55. E. Schatzman, propos de l'astrologie, *Cahiers rationalistes,* 1977, 335, 3-6 ; E. Schatzman L'astronomie et les mythes, *Cahiers rationalistes,* 1982, 375, 135-150 ; J.-C. Pecker, L'astrologie est une drogue sans valeur, *Cahiers rationalistes,* 1985, 403, 192-196.

Tous deux astronomes réputés, E. Schatzman est directeur de recherche au CNRS et J.-C. Pecker, professeur au Collège de France et membres de l'Académie des Sciences.

d'être étudiée, qu'elle se situe par définition hors du mécanisme causal de la science.

Un grand article de synthèse de J.-C. Pecker publié par *La Recherche* en 1983[56] fait le point de tous les arguments antiastrologiques, y compris ceux que les astrologues réfutent facilement comme on l'a vu dans cet ouvrage : tel celui relatif à la précession des équinoxes ou à « l'absence d'horoscope des habitants de Mourmansk ». Cet article bien documenté montre néanmoins une certaine méconnaissance des progrès récents de l'astrologie dite savante. En ce qui concerne les résultats statistiques des Gauquelin, J.-C. Pecker écrit que « les débats entre les Gauquelin et leurs contradicteurs nous ont paru donner raison sans ambiguïté à ces derniers. Nous fondons cette réaction bien sûr un peu sur un scepticisme *a priori* », écrit-il, autant que sur des considérations propres au travail lui-même exposé rapidement avant de conclure : « Nous considérons que l'effet Mars n'est pas prouvé » — ce à quoi répond personnellement Gauquelin dans le numéro suivant de la revue... Polémique donc encore et toujours...

Sur quelles bases sont donc situés dans la société ces détracteurs de l'astrologie ? Il est intéressant de l'apprendre grâce aux études de sociologues groupés autour d'E. Morin [37] : « L'anti-astrologie rationaliste, écrit L. Pétrossian, est le fait de l'Union Rationaliste. Groupant principalement des chercheurs des sciences exactes, elle est plus ou moins contrôlée par la vieille école des universitaires communistes du groupe La Pensée[57]. Fondée à l'origine contre la religion et militant depuis le début du siècle dans ce sens, l'Union Rationaliste a élargi et même converti ses activités contre les formes renaissantes de l'occultisme... et

56. J.-C. Pecker, L'astrologie et la science, *La Recherche*, Paris, 83, 140, et les réponses des lecteurs dans le 142.

57. Le président de l'Union Rationaliste, E. Schatzman, déclare : L'Union Rationaliste affirme son indépendance vis-à-vis de toute organisation politique (communication personnelle, 1989).

le renouveau astrologique. » Ainsi, pour C. Fischler, dans le même travail, le « rationalisme positiviste » se montre gardien de la « légitimité scientifique », « s'érige péremptoirement en autorité épistémologique suprême », gardant « le silence sur certaines formes du délire politique qui se réclament pourtant toujours, elles aussi, de la scientificité ». Ce sociologue voit donc dans les polémiques évoquées ci-dessus non « le choc de la rationalité contre l'irrationnel, de la raison contre l'obscurantisme, mais la collision de deux rationalismes contradictoires... »

Cependant, les polémiques et les positions violemment antiastrologiques ne sont pas du seul fait de l'Union Rationaliste et existent dans d'autres pays. Les travaux de Tyson en Afrique du Sud et surtout de Carlson aux États-Unis participent de la même tonalité. Il semble bien qu'une sorte d'éruption antiastrologique marche partout en parallèle avec l'expansion de l'astrologie moderne. Carlson, dont on a vu plus haut la tentative manquée d'expérimentation scientifique de l'astrologie, affirme que celle-ci « doit être perçue comme une menace pour la santé publique et, comme telle, combattue ». « Malgré les nombreuses affirmations de ses praticiens et de ceux qui les suivent, une investigation intensive », écrit-il, révèle que l'astrologie est « un grand monument chancelant de la crédulité humaine »[58].

Avec cet auteur, on voit pour la première fois apparaître la polémique antiastrologique au niveau des grands journaux scientifiques de renommée mondiale (*Nature* à Londres et *Experientia* en Suisse).

58. S. Carlson, Astrology, *Experientia*, 1988, 44, 290-297.

CONCLUSIONS

Conclure est une entreprise délicate.

L'astrologie — nous l'avons affirmé au départ — est un fait de civilisation ; comme tel, elle a droit *a priori* à un certain respect, celui que l'on accorde à un très ancien et traditionnel savoir perpétué à travers les âges par l'être humain et dont nous avons suivi les méandres.

Dès lors, toute polémique acerbe, non seulement ne fait pas avancer la connaissance scientifique objective, mais porte en soi une réelle incongruité. Le détracteur véhément doit faire place à l'observateur amène si l'on veut progresser.

Il conviendrait tout d'abord de ne pas amalgamer toutes les « sciences occultes » : l'astrologie est bien distincte, ses règles, on l'a vu, bien définies, on ne peut la confondre avec d'autres savoirs tels la parapsychologie et le spiritisme ayant fait l'objet d'analyses dans cette même collection [68, 69], ou la voyance.

La démarche des 186 scientifiques signant l'appel anti-astrologique que nous avons reproduit ne contribue nullement à l'élucidation fondamentale : « astrologie, science ou superstition ? », pour reprendre le titre de l'ouvrage de H. Eysenck. Par contre, elle met en évidence un fait frappant : ces scientifiques éminents n'ont pas fait l'effort d'étudier l'astrologie sérieusement comme nous nous sommes efforcé de le faire. Tout le texte le montre : affirmations péremptoires, redondance du vocabulaire astrologique utilisé (« thèmes astrologiques *et* horoscopes », qui, on l'a vu, sont synonymes), exemple de proposition astrologique (« le signe sous lequel il est né détermine la compatibilité ou l'incompatibilité d'un individu avec d'autres ») qu'aucun astrologue sérieux ne défendra, etc.

D'une façon générale, les scientifiques ne connaissent pas l'astrologie et beaucoup la jugent à l'aune d'une simple et apparente cohérence théorique : Goldberg par exemple[1] déclare : « Il n'y a pas une parcelle d'évidence en faveur de l'astrologie et une énorme quantité d'évidences théoriques contre. »

Les travaux de recherches anti-astrologiques ne semblent pas concluants, on l'a vu, généralement en raison d'une faiblesse méthodologique regrettable.

A l'opposé et symétriquement, nous avons reproduit l'affirmation de l'astrologue contemporaine E. Teissier selon laquelle l'astrologie est scientifiquement vérifiée. Or quel bilan avons-nous recueilli en faveur de l'astrologie face à la science dans notre dernier chapitre ? Deux séries de données vraiment valables et deux seulement semble-t-il : — les travaux statistiques des Gauquelin[2] concernant l'influence des planètes à leur lever et leur culmination, ainsi que la recherche statistique sur les jumeaux (voir p. 97) — quelques recherches paraissant bien corroborer une relation système planétaire-taches solaires-certains phénomènes terrestres.

Ainsi les astrologues dans leur majorité ne connaissent pas la science.

Tout reste à faire — et tout devrait être fait avant de ranger l'astrologie parmi les superstitions humaines, et ce dans les deux directions que nous avons séparément analysées : celui de la typologie psychologique et celui des prévisions à l'échelle d'une vie individuelle.

1. S. Goldberg, Is astrology science ?, *The Humanist* (USA), mars-avril 1979, 9-16.

2. Pour des raisons d'objectivité et de synthèse, nous utilisons ici le pluriel qu'emploient couramment d'autres auteurs bien informés, tels le Pr Eysenck [48] ou le Pr J. A. Hynek dans la préface qu'il a écrite pour le livre rédigé par Michel Gauquelin lui-même en 1973, *Le dossier des influences cosmiques* publié chez Denoël, Paris, où l'on relève la phrase suivante : « Le présent ouvrage est l'exposé d'une très longue et très sérieuse enquête faite par les Gauquelin... » Les recherches ont en effet été menées en commun par Michel et Françoise depuis leur mariage jusqu'à leur séparation en 1982.

L'attitude historique de Choisnard exigeant des études de corrélations est assurément toujours d'actualité. Il n'est plus pardonnable aujourd'hui de ne pas entreprendre ces recherches puisque nous avons l'ordinateur. Plusieurs auteurs ont commercialisé de fort bons logiciels pour microinformatique dont certains comprennent des analyses statistiques efficaces. Comme l'écrit très justement D. Verney[3] [70], c'est un « outil essentiel » pour « mettre en œuvre l'astrologie » qui selon lui « relève d'un travail de longue haleine qui devrait faire appel à des compétences diverses qu'un seul homme ne peut réunir, celles de l'astrologue, celles du statisticien, celles aussi du tenant d'autres disciplines ».

Parmi ces autres disciplines vient évidemment au premier rang la psychologie, domaine difficile et éclaté s'il en est. Il suffit de se référer à l'ouvrage de S. Clapier-Valadon [71] publié dans cette même collection pour avoir une idée de la complexité des théories de la personnalité.

Par contre, il semble qu'il y ait peu à espérer de l'astronomie et de l'astrophysique dans un avenir proche. Ces sciences ont connu un considérable et soudain progrès dans leurs possibilités matérielles : l'astrologie n'en recueille aucun bénéfice, au contraire paraît grandir la dérision des astronomes à son sujet.

L'un des problèmes face à l'astrologie est évidemment celui du libre arbitre de l'individu. En fait, celui-ci ne diffère pas des autres, relatifs au déterminisme génétique ou à celui de l'éducation. L'Homme moderne se sait fortement déterminé : les discussions philosophiques à ce sujet vont toujours bon train et sortent du cadre de cet ouvrage. Quant aux débats sur la validité de l'astrologie elle-même, ils sont parfaitement vains s'ils ne reposent pas sur des recherches nouvelles qui seules comptent aux yeux du scientifique. Il faudra progressivement trier le bon grain de

3. Ancien élève de l'Ecole polytechnique, informaticien.

l'ivraie... Des « Astrological Research Conferences » internationales se tiennent à Londres, réunissant des astrologues et des universitaires[4]. Des publications y sont consacrées[5]. Déjà, il y a quelques années, un « Committee for Objective Research in Astrology » organisait des « Séminaires Eysenck », et, dirait ce dernier, restons *open minded*...

4. La 9e a eu lieu en novembre 1993.
5. *Correlation*, Grande-Bretagne et Hollande, *RAMS : Recherches astrologiques par des méthodes scientifiques*, France.

BIBLIOGRAPHIE

[1] J. L. Brau. *Dictionnaire de l'astrologie*, Paris, Larousse, 1987.
[2] D. Néroman, *Traité d'astrologie rationnelle*, Paris, Ed. « Sous le ciel », 1943.
[3] A. Barbault, *Traité pratique d'astrologie*, Paris, Seuil, 1961.
[4] C. Ross et A. Paquet, *L'astrologie, comprendre, apprendre, enseigner le thème astral*, Ed. Albin Michel, 1994.
[5] Derek et Parker, *L'art de l'astrologie* (traduit de l'Anglais), Paris, Club français du Livre, Ed. Laffont, 1971.
[6] J.-P. Nicola, *Le grand livre de l'astrologue*, Paris, Ed. Sand et Tchou, 1983.
[7] C. Aubier, *Devenir astrologue en 20 leçons*, Ed. Solar, 1994.
[7 *bis*] A. Barbault, *L'univers astrologique des quatre éléments*, Paris, Ed. Traditionnelles, 1992.
[8] *The concise planetary ephemeris for 1950 to 2000 AD*, Medford, Mass. (USA), Hieractic publishig Co., 1977.
[9] G. Reynaud-Dulaurier et W. Willett, *Atlas de poche*, Paris, Larousse, 1982.
[10] *Raphaël's tables of houses for northern latitudes*, Bucks (GB), W. Foulsham and Co Ltd.
[11] H. Le Corre, *Régimes horaires pour le monde entier*, Paris, Ed. Traditionnelles, Paris, 1987.
[12] D. Rudhyar, *La dimension galactique de l'astrologie*, Ed. du Rocher, 1983.
[13] J.-P. Nicola, *Pluton*, Paris, Ed. Sand, 1985.
[14] P. Colombet, *Soyez votre astrologue*, Paris, Ed. Denoël, 1961.
[15] G. Antarès, *Manuel pratique d'astrologie*, Tourcoing Ed. Flandres-Artois, 1959.
[16] J. Reverchon, *Notions d'astrologie*, Paris, Ed. Dangles, 1946.
[17] H.-J. Gouchon, *Dictionnaire d'astrologie*, t. 3 : *Bases de l'interprétation*, Paris, Gouchon édit., 1940.
[18] C. Santagostini, *L'horoscopie cartésienne*, Paris, Ed. Traditionnelles, 1976.
[19] G. Holley, *Comment comprendre votre horoscope ?*, Ed. du Rocher, 1980.
[19 *bis*] J. P. Nicola, *Le grand livre des prévisions*, Paris, Ed. Tchou, 1992.
[20] A. Volguine, *La technique des révolutions solaires*, Paris, Dervy-Livres, 1986.
[21] M. Duval, *La domification et les transits*, Paris, Ed. Traditionnelles, 1984.
[22] R. Zoller, *La clé perdue des prédictions, les parts arabes en astrologie*, Dervy-Livres, 1982.
[23] A. Ruperti, *Les cycles du devenir*, Ed. du Rocher, 1981.
[24] J.-P. Nicola, *Pour une astrologie moderne*, Paris, Ed. du Seuil, 1977.
[25] C Ptolémée, *Tetrabiblos*, Vernal/P. Lebaud, 1986.

[26] W. Knappich, *Histoire de l'astrologie*, Vernal/P. Lebaud, 1986.
[27] Bouché-Leclercq, *Histoire de l'astrologie grecque*, Paris, Ed. Leroux, 1899.
[28] R. Berthelot, *La pensée de l'Asie et l'astrobiologie*, Paris, Ed. Payot, 1972.
[29] W. Kenton, *Astrologie, le miroir céleste*, Paris, Ed. du Seuil, 1974.
[30] S. de Mailly-Nesle, *L'astrologie, l'histoire, les symboles, les signes*, Paris, Ed. Nathan, 1981.
[31] W. E. Peuckert, *L'astrologie, son histoire, ses doctrines*, Paris, Ed. Payot, 1980.
[32] M. Préaud, *Les astrologues à la fin du Moyen Age*, J.-C. Lattès, 1984.
[33] P. Choisnard, *Saint Thomas d'Aquin et l'influence des astres*, Ed. Traditionnelles, 1983.
[34] J. Halbronn, *Le monde juif et l'astrologie*, Arché-Milano, 1985.
[35] G. Simon, *Kepler, astronome et astrologue*, Paris, Ed. gallimard, 1979.
[36] E. Howe, *Le monde étrange des astrologues*, Paris, Ed. Laffont 1968.
[37] E. Morin, *La croyance astrologique moderne*, Lausanne, Ed. L'âge d'homme, 1985.
[38] D. Diderot, *Encyclopédie*, Paris, 1751.
[39] P. Choisnard, *Langage astral*, Paris, Ed. Traditionnelles, 6e éd. 1963.
[40] P. Flambart, *La loi d'hérédité astrale*, Paris, Chacornac, 1919.
[41] A. Barbault, *Le zodiaque*, Paris, 12 vol. , Ed. du Seuil, 1957.
[42] G. Soleil, *Le cœur dans les étoiles*, Paris, Desclée de Brouwer, 1985.
[43] J. Halbronn, *Le guide de la vie astrologique*, Paris, Ed. G. Trédaniel, « La Grande Conjonction, 1984.
[44] K. E. Krafft, *Traité d'astrobiologie*, Paris, Ed. A. Legrand, 1939.
[45] F. Thiery, *L'astrologie des insectes*, Paris, Ed. Aubépine, 1987.
[46] E. Teissier, *L'astrologie, science du XXIe siècle*, Paris, Ed. n° 1 (2), 1994.
[47] P. Colombet , *Secrets et techniques de l'astrologie*, Genève, Ed. Famot, 1979.
[48] H. J. Eysenck et D. K. B. Nias, *Astrology, science or superstition?*, Penguin Books (GB), 1982.
[49] G. Dean et A. Mather, *Recent advances in natal astrology, a critical review 1900-1976*, Ed. Astrological Association, (GB), 1977.
[50] M. Gauquelin, *Le dossier des influences cosmiques*, Paris, Ed. Denoël, 1973.
[51] M. Gauquelin, *Written in the stars*, The Aquarian Press, (GB), 1988.
[51 *bis*] P. Seymour, *Astrology, the evidence of science*, Londres, Ed. Arkana, 1990.
[52] S. de Mailly-Nesle, *L'être cosmique*, Paris, Ed. Flammarion, 1985.
[53] M. Gauquelin, *La vérité sur l'astrologie*, Ed. du Rocher, 1983.
[54] F. Gauquelin, *Psychology of the planets*, Astro Computing Service (USA), 1982.
[55] J. Halbronn et S. Hutin, *Histoire de l'astrologie*, Ed. Artéfact, 1986.
[55 *bis*] S. Fuzeau-Braesch, *Astrologie : la preuve par deux*, Paris, Ed. R. Laffont, 1992.
[56] A. Barbault, *De la psychanalyse à l'astrologie*,Paris, Ed. du Seuil, 1961.
[57] D. Rudhyar, *Approche astrologique des complexes psychologiques*, Paris, Libr. Médicis, 1987.
[58] M. Gauquelin, *Songes et mensonges de l'astrologie*, Paris, Ed. Hachette, 1969.
[59] M. Gauquelin, *L'hérédité planétaire*, Ed. Planètes, 1966.
[60] M. Gauquelin, *Planetary heredity*, ACS Pub. (USA), 1988.
[61] D. Rudhyar, *Le rythme du zodiaque*, Ed. du Rocher, 1981.

[62] J.-P. Nicola, *La condition solaire*, Paris, Ed. Traditionnelles, 1971 (1re éd., 1964).

[62 *bis*] C. Saint Pierre, *Guide d'astrologie conditionaliste*, Paris, Ed. Saint Michel, 1994.

[63] J.-C. Pecker, *Clefs pour l'astronomie*, Paris, Ed. Seghers, 1981.

[64] A. Unsöld and B. Baschek, *The new cosmos*, Springer-Verlag, NY, 1983.

[65] J. H. Nelson, *Cosmic patterns : their influence on man and his communication*, Washington, American Federation of Astrologers, 1975.

[66] P. Heckel, *L'homme et les influences astrales. essai de cosmologie appliquée*, Paris, EPI, 1983.

[67] F. Hardy, *L'astrologie universelle*, Paris, Ed. Albin Michel, 1986.

[68] Y. Castellan, *La parapsychologie*, Paris, PUF, coll. « Que sais-je ? », 6e éd., 1985.

[69] Y. Castellan, *Le spiritisme*, Paris, PUF, coll. « Que sais-je ? », 6e éd., 1982.

[70] D. Verney, *Fondements et avenir de l'astrologie*, Fayard édit., 1974.

[71] S. Clapier-Valadon, *Les théories de la personnalité*, Paris, PUF, coll. « Que sais-je ? », 1986.

TABLE DES MATIÈRES

Introduction 3

Chapitre I — **Composantes générales de la technique astrologique occidentale** 5

I. Le zodiaque, 5 — II. Soleil, Lune et planètes, 10 — III. Le ciel réel, 16 — IV. Interprétation psychologique, 22 — V. Prévisions, 24.

Chapitre II — **Origine des différents éléments de la technique astrologique et leur évolution** 29

I. Premières connaissances astrologiques de l'Antiquité, 29 — II. L'astrologie hellénistique, 36.

Chapitre III — **De l'expansion antique à la révolution copernicienne** 45

I. Rome, 45 — II. Les débuts du christianisme, 48 — III. L'astrologie arabe, 49 — IV. Le Moyen Age, 51 — V. L'imprimerie et l'héliocentrisme : du XVe au XVIIe siècle, 56.

Chapitre IV — **Du siècle des Lumières à l'époque moderne : déclin et renouveau** 60

I. Le siècle des Lumières, 60 — II. Evolution particulière de l'astrologie en Grande-Bretagne, 63 — III. Oubli et réapparition de l'astrologie en France, 69 — IV. L'Allemagne et le IIIe Reich, 74 — V. Bilan et tendances de l'astrologie actuelle, 77.

Chapitre V — **L'astrologie face à la science** 85

I. Les statistiques, 88 — II. La psychologie, 98 — III. La biologie, 105 — IV. L'astronomie et la physique, 110 — V. Le rationalisme militant contre l'astrologie, 116.

Conclusions 120

Bibliographie 124

Imprimé en France
Imprimerie des Presses Universitaires de France
73, avenue Ronsard, 41100 Vendôme
Avril 1995 — N° 41 043